Aguas refrescantes

CHRISTIAN CENTER

303 Morris Ave. Elizabeth, N.J. 07208
(908) 352-2552

A Fausti:
Dedico este libro con
mis oraciones para
que repercutan tus
tus días
Con Amor en El
Señor

Libros de T. S. (Watchman) Nee
publicados por Editorial Portavoz

Aguas refrescantes

La cruz en la vida cristiana normal

No améis al mundo

El obrero cristiano normal

¿Qué haré, Señor?

Sentaos . . . andad . . . estad firmes

Transformados en su semejanza

Meditaciones diarias

Aguas refrescantes

T. S. (Watchman) Nee

EDITORIAL PORTAVOZ

Título del original: *Through the Year with W. Nee.* Publicado por Kingsway Publications, Ltd., Sussex, Inglaterrra. Todos los derechos reservados.

Edición en castellano: *Aguas refrescantes*, © 1982 por Ediciones Hebrón, Argentina y publicado con permiso por Editorial Portavoz, filial de Kregel Publications, Grand Rapids, Michigan 49501. Todos los derechos reserrvados.

Portada: Alan G. Hartman

EDITORIAL PORTAVOZ
P. O. Box 2607
Grand Rapids, Michigan 49501 EE.UU.A.

ISBN: 0-8254-1500-4

2 3 4 5 6 impresión 00 99 98 97

Printed in the United States of America

PREFACIO

Este nuevo volumen con selecciones de Nee To-Sheng para cada día del año, ha sido compilado y editado por Harry Foster, utilizando notas de mensajes que fueron dados originalmente en el idioma chino. Se ofrece ahora como complemento de *Una mesa en el desierto* que tan buena acogida ha recibido en el mundo de habla hispana.

El 1 de junio de 1972 a los sesenta y nueve años de edad, y después de veinte años de encarcelamiento en una celda china, Nee To-Sheng (Watchman) pasó a estar con Cristo, habiendo concluido su carrera con gozo. El legado de su ministerio que ha llegado a nuestro poder reúne, sin duda, variados matices. Sin embargo, hay una nota predominante y es la exaltación de Jesucristo como el Rey de reyes y el Señor de todas nuestras vidas. Este es, sin duda, el motivo principal por el cual será siempre recordado.

La última meditación de *Una mesa en el desierto* contiene las siguientes palabras que él pronunció: «Los hombres pasan, pero el Señor permanece ... Dios mismo se lleva a sus siervos, pero da otros en su lugar.» Es por ello apropiado que la primera meditación de esta serie se reanude con el tema de las actividades de Dios que nunca se estancan, sino que siempre prosiguen hacia adelante.

«Aferramos al pasado, deseando que Dios actúe como lo ha hecho antes, involucra el riesgo de encontrarnos fuera de la corriente central de los propósitos de Dios. La actividad divina fluye de generación en generación, y aun en la nuestra continúa en forma ininterrumpida de manera firme y progresiva.» Aun en la China existen evidencias de esta verdad y de que esta es la experiencia de la Iglesia de Dios en ese enorme país.

Es indudable que a todos nos tocará enfrentar días sombríos. Es muy posible que las palabras de Nee To-Sheng contenidas en este volumen y empleadas por el Señor en una hora de crisis, sirvan para hacernos elevar una vez más nuestras miradas y considerar al Autor y Consumador de nuestra fe.

ANGUS I. KINNEAR

1 DE ENERO

*Olvidando ciertamente lo que queda a trás, y extendiéndome
a lo que está delante, prosigo...* (Filipenses 3:13).

Dado que Dios actúa en la historia, el fluir del Espíritu Santo es
siempre hacia adelante. Nosotros que servimos en el mundo hoy,
hemos heredado grandes riquezas por medio de los siervos de
Jesucristo que ya han realizado su contribución a la Iglesia No
podemos sobreestimar la grandeza de nuestra herencia, ni tampoco
podemos estar lo suficientemente agradecidos a Dios por ella Pero
si en el día de hoy procuramos ser un Martín Lutero o un Juan Wesley,
estaremos errando nuestro destino y no llegaremos a alcanzar el
propósito de Dios para esta generación, pues nos estaremos
moviendo hacia atrás mientras que la corriente del Espíritu avanza
hacia adelante. Toda la corriente de la Biblia, desde el Génesis hasta
el Apocalipsis, es un movimiento progresivo.

Los hechos de Dios son siempre nuevos. Aferrarnos al pasado
deseando que Dios actúe como lo ha hecho antes, involucra el riesgo
de encontrarnos fuera de la corriente central de los propósitos de
Dios. La actividad divina fluye de generación en generación, y aun
en la nuestra continúa en forma ininterrumpida, de una manera firme
y progresiva.

2 DE ENERO

Yo soy el Alfa y la Omega, dice el Señor (Apocalipsis 1:8).

Fue Dios quien planeó el diseño original y Él mismo es quien lo
llevará a su conclusión. ¿Podemos agradecerle suficientemente por
ser el Alfa, el iniciador de todas las cosas? «En el principio creó
Dios....»

Cuando los cielos y la tierta fueron creados, era Dios quien todo
lo había propuesto. Todas las cosas tuvieron su origen en Él. Sin
embargo, Dios es al mismo tiempo la Omega. Los hombres fracasan.
Pueden tener buenas intenciones, pero siempre fracasan en llevarlas
a feliz cumplimiento. Contrariamente, Dios mismo nunca ceja en
sus planes. Jamás permitirá que su propósito para la humanidad sea
frustrado. ¿Dudas acaso de esto? Si llegaras alguna vez a pensar

que su obra no puede llegar a tener éxito, escucha nuevamente con quietud a Aquel que afirma: «Yo soy el Alfa y la Omega».

3 DE ENERO

¿No decís vosotros: Aún faltan cuatro meses para que llegue la siega? (Juan 4:35).

Los discípulos estaban dispuestos a esperar cuatro meses antes de poner sus manos a la obra, pero el Señor les dijo, en efecto, que el tiempo de trabajar es ahora y no en una fecha futura. «Alzad vuestros ojos y mirad....» Con estas palabras estaba sugiriendo la clase de obreros que Él necesitaba, es decir, aquellos que no esperan que el trabajo venga hacia ellos, sino que tienen ojos para ver la tarea que ya espera para ser realizada.

¿Hemos observado alguna vez a un obrero trabajando «a reglamento»? Se mueve lentamente y se arrastra en la tarea dando una apariencia de trabajo, pero en realidad no está determinado a trabajar sino tan sólo a matar el tiempo. ¡Qué distinto es nuestro Señor Jesús! Él declaró: «Mi Padre hasta ahora trabaja, y yo trabajo» (Jn. 5:17).

4 DE ENERO

Jesús les dijo: De cierto, de cierto os digo: Antes que Abraham fuese, yo soy (Juan 8:58).

El evangelio de Juan fue el último en escribirse y es el más profundo de los cuatro. En él se nos demuestra cuál es la estima que Dios tiene de Cristo. En él aprendemos que no se trata tan sólo de que Dios requiere un cordero; que provee pan a su pueblo, o de que nos proporciona un camino, ni tampoco de que Cristo puede ejercitar su poder para restaurar un muerto a la vida, o dar vista a un ciego. A través de todo este evangelio nos enfrentamos con un hecho monumental: Precisamente, que Cristo es todo esto.

Cristo no dijo que podía dar luz a su pueblo, sino que Él mismo es la Luz del mundo. No sólo nos prometió el pan de vida, sino nos aseguró que Él mismo es el Pan de vida. No sólo prometió guiarnos en el camino, insistió en que Él mismo es el Camino. En el cristianismo, Cristo es todo. Lo que Él da es su propio Ser.

5 DE ENERO

Si en algo he defraudado a alguno, se lo devuelvo cuadruplicado (Lucas 19:8).

Zaqueo nos dio un buen ejemplo. El poder del Señor obró con tanta fuerza en su vida que estaba dispuesto a devolver cuatro veces todo lo que habría obtenido por medio del fraude. El principio que encontramos en el libro de Levítico establecía que debía agregarse una quinta parte de lo defraudado a manera de compensación; pero Zaqueo fue movido a devolver mucho más.

Su cuádruple indemnización no fue la condición para llegar a ser un hijo de Abraham, ni tampoco para recibir la salvación de Dios. Fue más precisamente el resultado de ser un hijo de Abraham y de haber recibido la salvación que llegó a su casa. Además, al restaurar cuatro veces lo defraudado tapó la boca de los críticos de Jesús que murmuraban contra Él por haber entrado en la casa de Zaqueo. Su acción nada tuvo que ver en la obtención del perdón de Dios, pero sí tuvo un impactante efecto en testimonio delante de los hombres.

6 DE ENERO

Todo lo que pidiereis orando, creed que lo recibiréis, y os vendrá (Marcos 11:24).

Con frecuencia los cristianos tenemos un concepto errado de la fe. El Señor dice que aquel que cree que *ha* recibido, recibirá. Nosotros pensamos que aquel que cree que *recibirá*, lo tendrá.

Quisiera compartir algo de mi propia experiencia. La oración puede ser dividida en dos partes. La primera consiste en orar hasta que recibamos una promesa. Toda oración comienza de esta manera. La segunda parte consiste en orar basados en la promesa dada hasta que recibimos respuesta y la promesa se cumple. La fe no consiste solamente en decir que Dios escuchará. Es más bien afirmar que de haber Dios prometido algo podemos en verdad reclamar que ya ha oído nuestra oración. De manera que podríamos decir que la primera parte es orar hasta tener fe. La segunda es que estando ya en una experiencia de fe, alabamos hasta que entramos a poseer lo que hemos pedido en oración.

7 DE ENERO

¡Consolad, consolad a mi pueblo! dice vuestro Dios. ¡Hablad al corarón de Jerusalán...! (Isaías 40:1, 2 VM).

El capítulo anterior del libro de Isaías nos relata cómo todo el valor de la predicación y oración de este profeta había sido despilfarrado por la necia vanidad de Ezequiel. Al exhibir el rey todos sus tesoros a los embajadores babilónicos, Isaías tuvo que pronunciar las tristes palabras proféticas: «Será llevado a Babilonia todo lo que hay en tu casa, y lo que tus padres han atesorado hasta hoy; ninguna cosa quedará» (39:6).

Un hombre de menor talla que Isaías hubiera abandonado su ministerio en la desesperación. La obra de toda su vida parecía haberse desplomado. Sin embargo, el ministerio del profeta estaba basado en una visión tan clara del Señor de los ejércitos, que pudo continuar con la nueva tarea de convocar al pueblo de Dios y de señalarles el camino de restauración y recuperación. Isaías era un verdadero vencedor.

8 DE ENERO

Cazadnos las zorras, las zorras pequeñas, que echan a perder las viñas; porque nuestras viñas están en cierne (Cantar de los Cantares 2:15).

¿Qué representan estas zorras pequeñas que causan tanta destrucción? Toda pequeña manifestación de la vida antigua —un hábito, un poco de egoísmo, orgullo no crucificado, rencores— todo esto y mucho más está representado por las zorras pequeñas. No son los pecados graves ni los vergonzosos regresos al mundo, sino aquellas modestas y frecuentemente desapercibidas contradicciones de nuestra vocación en Cristo. ¡Cómo arruinan lo que de otra manera podría ser un deleite para Dios! El proverbio nos dice que en una persona que tiene reputación de sabiduría y honor, aun una pequeña insensatez puede cambiar su fragancia en un olor desagradable.

Tales manías y locuras amenazan a las vidas cuyas flores están tan llenas de promesas, y llegan a impedir su capacidad de rendir fruto abundante. Podríamos pensar que estos pequeños fracasos serían fácilmente resueltos por nosotros, pero evidentemente no es así. El Amado no nos permite resolverlos por nuestra cuenta «Cazad*nos* ...» sugiere que requerimos su ayuda. «Yo te ayudaré. Lo haremos juntos.»

9 DE ENERO

> *Pero salido el sol, se quemó; y porque no tenía raíz, se secó* (Mateo 13:6).

El verdadero problema no fue el sol, sino la falta de raíz. En la vida espiritual la raíz representa aquella parte de la vida que tiene una historia secreta con Dios. Los que sólo viven sus vidas delante de los hombres carecen de esa historia secreta. ¿Puedo hacerte una pregunta directa? ¿Qué proporción de tu vida es vida en secreto? ¿Hay una parte de ella que está escondida de los ojos de los hombres? Tu vida de oración, ¿se limita sólo a las reuniones de oración? Tu conocimiento de la Palabra de Dios, ¿se limita sólo a lo que predicas? ¿Compartes todas tus experiencias espirituales con otros? Si la respuesta es afirmativa, entonces careces de raíces.

Los cristianos que tienen una historia con Dios en el lugar secreto son los que superan en forma triunfante las pruebas de fuego. Si un día tenemos que enfrentar la opción de renunciar a nuestra fe o perder la vida, ¿cuál elegiríamos? El problema no será resuelto en aquel día sino *ahora*. Si en aquel día negamos al Señor, será porque hoy nuestras raíces no han descendido a suficiente profundidad.

10 DE ENERO

*No debías tú también tener misericordia de tu siervo, como
yo tuve de misericordia de ti?* (Mateo 18:33).

En la Biblia encontramos muchas cosas que a Dios le desagradan.
Una de las que más le detesta es que sus hijos se nieguen a perdonar.
Es realmente chocante a los ojos de Dios cuando el pecador
perdonado carece de misericordia, y cuando el receptor de la gracia
divina actúa de manera ingrata.

El Señor espera que tratemos a los demás de la misma manera
que Él nos trató a nosotros. El siervo de la parábola puede haber
obrado con justicia al demandar el pago, pero las relaciones de un
cristiano no sólo deben basarse en la justicia sino también en la
misericordia. No debemos recordar los pecados ajenos ni tampoco
demandar justicia, pues no importa cuán justas sean nuestra
demandas, el hacerlo es pecaminoso. La base de las relaciones de
un creyente con otro, no debe ser sólo la justicia. Es la gracia de
Dios la que debe prevalecer.

11 DE ENERO

Por tanto, Jehová esperará para tener piedad de vosotros
(Isaías 30:18).

Dios es un maravilloso Orador. Pero más sorprendente es
descubrir que es un gran Oidor. En el libro de Job más de treinta
capítulos, en un total de cuarenta y dos, registran nada más que
discursos de varios hombres. A través de veintinueve capítulos
enteros Job y sus tres amigos hablaron y durante todo este tiempo
Dios escuchó silenciosamente. Hubo otro oidor también. Un hombre
llamado Eliú, temeroso de Dios, que de una manera llamativa se
retuvo de hablar mientras los otros tres trataban de silenciar a Job y
éste a su vez trataba de rebatirles. Finalmente Eliú no pudo contenerse
más y prorrumpió en un elocuente discurso que cubre seis capítulos
más del libro de Job.

Eliú era un buen oidor pero su paciencia tenía limitaciones. Sólo
Dios podía escuchar con paciencia ilimitada. Escuchó atentamente
todo lo que Job tenía que decir, todo lo que sus amigos dijeron, y

también todo lo que Eliú dijo. Ellos hablaron y hablaron mientras Dios sólo escuchaba hasta que los cuatro quedaron exhaustos. Dios tiene una sorprendente habilidad para escuchar, y al fin tener piedad de los hombres.

12 DE ENERO

Los que son guiados por el Espíritu de Dios, éstos son hijos de Dios (Romanos 8:14).

Un creyente pidió una vez a sus herrnanos: «Por favor, oren para que Dios les muestre lo que Él quiere que yo haga, y cuando se los revele, díganmelo». Podemos comprender su petición pero a la vez debemos señalar que era una violación del Nuevo Testamento. En este asunto Dios no ha previsto mediadores entre nosotros y Cristo. Ya no miramos a los hombres para que nos digan qué debemos hacer. El Señor, el Espíritu morando en nosotros, nos enseña su voluntad.

En Hechos 21, leemos que cuando Pablo sintió que debía visitar a Jerusalén, varias personas le advirtieron que no lo hiciera, pues esperaban que tendría varios inconvenientes. Sin embargo, él se negó a cambiar su propósito. ¿Por qué? Porque en lo profundo de su ser tenía seguridad respecto a la voluntad de Dios. Si en verdad estamos caminando con Dios no debemos permitir que las opiniones de otros nos gobiernen. En los días del Antiguo Testamento las gentes consultaban a los profetas, pero hoy no es necesario.

13 DE ENERO

Viviendo siempre para interceder por ellos (Hebreos 7:25).

¿Podría haber llevado el Señor las cargas de los hombres si hubiera estado pensando todo el tiempo acerca de sus propios sufrimientos? No fue así. Por el contrario, pasó sus días sobre la tierra como si no tuviera cargas propias y se entregó a sí mismo en compasión hacia las almas como si no tuviera otra cosa que hacer. No sólo tuvo compasión para con la gente de su tiempo sino que también está lleno de compasión para con nosotros ahora. A menudo podremos pensar que nadie se interesa por nosotros. En tales circunstancias las cargas se toman intolerables y los amigos terrenales aparecen como impotentes para ayudarnos y comprendernos.

Sin embargo, hay un amigo que siempre está a nuestro lado para levantar y llevar nuestra pesada carga. Aunque está sentado en los cielos se inclina y nos toma como si fuéramos su deleite personal, y está profundamente involucrado con nuestro bienestar. Siente tus angustias y se apresura para auxiliarte. Clama a Él. Vive siempre para interceder por ti.

14 DE ENERO

Si confesamos nuestros pecados, él es fiel y justo para perdonar nuestros pecados (1 Juan 1:9).

Si un hijo de Dios peca y continúa en ese pecado sin confesarlo, sigue siendo un hijo de Dios. Todavía Dios es su padre pero se plantea una debilidad en su conciencia: ya no puede estar con confianza en la presencia de Dios. Aunque procure la comunión con Dios encontrará que la misma se hace dolorosa y limitada. La espontaneidad desaparece. Dentro de sí mismo notará un sentido de distanciamiento. Sin embargo, existe un camino seguro para la restauración inmediata y consiste en confesarle a Dios el pecado, e invocar al Señor Jesucristo como el abogado que conducirá su causa.

No nos detengamos, pues, con un sentido de vergüenza por el pecado pensando que tal actitud podrá producir santidad en nosotros. No hay mérito alguno en un sentir de culpa que no conduzca al arrepentimiento. Si alguno peca, lo único que debe hacer es ir a Dios en confesión, confiando en que Jesucristo el Justo abogará su causa.

15 DE ENERO

He aquí aguas que salían de debajo del umbral de la casa hacia el oriente (Ezequiel 47:1).

El problema no consiste en determinar si la corriente del Espíritu fluirá en nuestra generación, sino más bien si tú y yo estaremos involucrados en esa corriente. Tenemos una gloriosa herencia del pasado pero también tenemos la solemne responsabilidad de transmitirla. Si fracasamos en cumplir con nuestro rol en el propósito de Dios para esta era presente, Él buscará otros que lo hagan. El fruto en el pasado se logró porque hombres de Dios permanecieron en la corriente central de su propósito. Ahora nos toca a nosotros el privilegio de ofrecernos a Él para que sus planes prosigan. Si Él puede encauzar sus propósitos a través de nuestras vidas, ésa llegará a ser nuestra máxima gloria. De lo contrario, igualmente proseguirá con sus planes tomando alguna otra dirección, y nosotros tendremos la trágica experiencia de haber sido salteados.

No sólo se requiere la proclamación de la verdad de Dios hoy día. Esa verdad apunta a la manifestación de Cristo resultado en vidas humanas, y sólo se logra cuando nuestras vidas se encuentran involucradas en la corriente del Espíritu que siempre sigue hacia adelante.

16 DE ENERO

Sabemos que a los que aman a Dios, todas las cosas les ayudan a bien (Romanos 8:28).

Hangchow (China) es una ciudad conocida por sus tejidos de seda. Acompáñame a uno de los talleres. Observa el reverso del brocado que está en el telar. Para los que desconocen el oficio, la urdimbre de tantos colores y la trama aparentan un caos de hebras sin sentido. Sin embargo, si damos vuelta al tejido y observamos el lado derecho del trabajo terminado, descubriremos que es hermoso, que tiene un diseño de buen gusto, atractivo, y armónico compuesto por hombres, árboles, flores y montañas. Durante el proceso la apariencia confundía, pero el producto terminado tiene sentido, propósito, buen gusto y es hermoso.

Cuando nuestra vida aparenta ser un rompecabezas a nuestros ojos, recordemos que no sabemos cuál es el diseño que Dios está desarrollando. Cada hebra, sea de color claro u oscuro, tiene su función y cada cambio de dibujo responde a un plan preparado. ¿Qué importa si las experiencias de nuestras vidas parecen desordenadas y no las podemos comprender? La Palabra de Dios nos asegura que todas las cosas, sin excepción, ayudan a nuestro bien.

17 DE ENERO

Por fe andamos, no por vista (2 Corintios 5:7).

Sin duda es elemental lo que voy a decir, pero nos ayudará para ver cómo Dios nos libera de andar en base a los sentidos y nos conduce a la experiencia de vivir por la fe. Cuando recién recibimos al Salvador, no podemos menos que estar alegres. ¡Todo es tan hermoso y tan nuevo! Sin embargo, este sentimiento pasa y ¿cuál es la pregunta que surge en nuestra mente? ¿Hemos perdido en espiritualidad porque no nos sentimos tan gozosos como el primer día? ¡Por supuesto que no!

Pensar de esta manera reflejaría una seria incomprensión de la experiencia cristiana. Una sencilla ilustración nos ayudan. Si yo pierdo un reloj y luego lo encuentro, me siento feliz. Cuando pasan cuatro o cinco días, ya no me siento tan feliz como el día en que lo encontré. Algunos días más tarde habré perdido todo sentido de alegría ¿Qué ocurrió? Mi reloj no se ha vuelto a perder. Todo lo que perdí es el sentimiento que tuve en el momento de encontrarlo. Así es la vida cristiana

18 DE ENERO

Enséñanos de tal modo a contar nuestros días, que traigamos al corazón sabiduría (Salmo 90:12).

Según el calendario los días se pueden contar fácilmente, pues cada día puede medirse lo mismo que cada año. Sin embargo, considerados según la valuación de Dios, algunos días pueden ser acreditados y otros debitados. Aparentemente en la Biblia algunos días no se registran, quizá porque Dios los ha considerado como días perdidos, faltos de significado para Él.

El día que recibimos la salvación del Señor es el día en que comienza nuestra historia espiritual. La vida para nosotros, comienza allí. Antes de ese momento no tenemos días de valor espiritual para ser acreditados en la escala del tiempo de Dios. Aun después de haber creído en Él no podemos afirmar con seguridad que cada día o cada año han sido de verdadero valor espiritual. ¿Es que acaso nunca hemos desperdiciado un día?

¡Los días de nuestro calendario son tan pocos! ¡Qué precioso es cada día que pasa! Debemos aprender a contarlos de manera que cada uno de nuestros días y cada uno de nuestros años, proporcione placer al Señor.

19 DE ENERO

Tendréis tríbulación por diez días (Apocalipsis 2:10).

¿Cuál es el significado de estos diez días? Cuando el siervo de Abraham quiso llevar a Rebeca, su hermano y su madre pidieron que se quedase con ellos diez días. Cuando Daniel y sus amigos rehusaron contaminarse con la comida del rey, le pidieron al oficial que los custodiaba, que los probase por diez días. De modo que esta frase «diez días» probablemente nos sugiere en la Biblia un período corto de tiempo. ¿Es esto lo que quiso decir el Señor en su mensaje a la iglesia en Esmirna?

Es evidente, en primer lugar, que hay ciertos días que están designados para nuestro sufrimiento, y que su duración está calculada por el mismo Señor. Son inevitables, pero una vez que hayan pasado, seremos liberados. Por otra parte, parece afirmar que las pruebas son breves. Diez días representan poco tiempo. No importa qué tribulación tengamos que sufrir en la voluntad de Dios, pronto pasará. Por lo tanto, seamos fieles. Él nos aguarda con la corona de vida.

20 DE ENERO

Dijo Dios a Jacob: Levántate y sube a Bet-el, y quédate allí; y haz allí un altar a Dios (Génesis 35:1).

Jacob estaba pensando en quedarse tranquilamente en Siquem, pero Dios no estaba de acuerdo. Él permitió que las circunstancias —la humillación de su hija y el grave crimen de sus hijos— quitaran de Jacob la paz y estuviera dispuesto a oír nuevamente a Dios. Por supuesto que en el momento, Jacob no puede haber pensado que la mano de Dios estaba en estos acontecimientos. Lo que hizo fue culpar a los hijos y atemorizarse. Luego oyó la voz de Dios: «Levántate y sube a Bet-el».

No creo que una persona pueda llegar a ser tan espiritual que no necesite aprender de las cosas que suceden a su alrededor. Hermanos y hermanas, no nos consideramos tan adelantados en la vida cristiana que sólo necesitamos oír la voz interior. ¡Es posible llegar a estar sordos a esa voz! Dios tendrá entonces que hablarnos por medio de las cosas que ocurren a nuestro alrededor.

21 DE ENERO

¿Cuánto más la sangre de Cristo ... limpiará vuestras conciencias de obras muertas para que sirváis al Dios vivo? (Hebreos 9:14).

La forma en que la sangre de Cristo limpia nuestra conciencia no puede afirmarse en términos literales. ¿Podríamos imaginar que un observador en el monte Calvario se adelantara para humedecer su mano en algunas gotas de la sangre caída del cuerpo del Señor para luego aplicarlas en su cuerpo (tal como se hacía simbólicamente con los sacrificios judaicos) y de esta manera descubrir que su conciencia era aliviada y limpiada? Por supuesto que no. Para nosotros el Espíritu Santo no procede solamente con símbolos, sino con realidades espirituales.

Cuando el Espíritu limpia nuestras conciencias apelando a la sangre de Jesús, Él está aplicando a nuestras vidas la realidad de la muerte del Señor en la cruz. Aquellos que sólo viven en la esfera de símbolos, formas y ritos, se encontrarán ligados por su conciencia a obras muertas. El Espíritu es vida. Él es quien obra sobre la base de la realidad espiritual de la sangre derramada para conducirnos a una nueva y real relación con el Dios viviente.

22 DE ENERO

Ora a tu Padre que está en secreto; y tu Padre que ve en lo secreto te recompensará (Mateo 6:6).

Con demasiada frecuencia ponemos énfasis en las oraciones contestadas. Sin embargo, en este pasaje el Señor pone el énfasis en la recompensa de la oración. ¿Cómo llegamos a saber esto?

Precisamente porque la misma palabra «recompensa» utilizada aquí se vuelve a emplear sin relación a las peticiones, en el versículo 2 asociada con las limosnas y en el verso 16 con referencia al ayuno. A la luz del contexto la recompensa prometida está referida a un galardón futuro. Lo que resalta es que la respuesta a la oración es algo secundario, mientras que la recompensa a la oración adquiere el lugar predominante. Si nuestra oración está de acuerdo con la mente de Dios, no sólo será contestada aquí, sino que será recordada en el futuro en el tribunal de Cristo, para recibir la correspondiente recompensa.

La oración es principalmente comunión con Dios para la manifestación de su gloria. Los hipócritas mencionados en este pasaje toman las cosas que deberían glorificar a Dios y las utilizan para su propio engrandecimiento. Oran en lugares públicos para que los hombres los aplaudan y lo aman. ¿Qué está ocurriendo? Sólo están orando para ser vistos por otros, no para ser oídos por Dios, y el motivo es el que determina el resultado. Estos hombres encuentran su recompensa precisamente donde la buscaban, o sea en la alabanza de los hombres. De esta manera pierden por completo la recompensa reservada para el reino venidero. En realidad nunca la desearon.

23 DE ENERO

Jehová dijo a Josué: Extiende la lanza que tienes en tu mano hacia Haí, porque yo la entregaré en tu mano (Josué 8:18).

La conquista de la gran Jericó puede haber parecido un triunfo fácil. Ahora Israel se encuentra frente a la pequeña Hai cuya conquista parecería más fácil todavía. Sin embargo, los medios utilizados exitosamente para la conquista de Jericó, no pueden ser empleados aquí. Se requiere algo nuevo. En otras palabras, no podemos encarar las batallas espirituales de hoy con las armas empleadas ayer. El pasado se ha tomado en historia y le agradecemos a Dios por ello, pero necesitamos poder ahora para hacer frente a su nuevo desafío.

Apoyarse en autosuficiencia adquirida en el pasado equivale a cerrar las puertas a nuestro progreso espiritual. El Señor ordena nuestras circunstancias para confrontarnos con la necesidad permanente de buscar su rostro, comprobando de esta forma que podemos vencer todas las veces por medio de un nuevo descubrimiento de su Persona.

24 DE ENERO

Erráis, ignorando las Escrituras y el poder de Dios (Mateo 22:29).

Cuando Herodes preguntó a los sacerdotes y escribas dónde debía nacer el Cristo, de inmediato recitaron de memoria las palabras del profeta: «En Belén de Judea». ¡Qué bien conocían las Escrituras! Podían dar una respuesta inmediata.

¿Estaba equivocada su respuesta? ¡De ninguna manera! Lo que más sorprende, sin embargo, es que después de responder la pregunta ninguno de los ancianos o escribas salieron para Belén. Lo que sabían era muy preciso; sin embargo, sólo lo emplearon para orientar a los magos y luego se volvieron a sus libros. Funcionaron como un policía que dirige a las personas a donde quieren ir, pero él queda siempre en su puesto.

Esto no está bien. No es suficiente conocer la Biblia. También debemos conocer el poder de Dios. Comprender lo que dicen las Escrituras no es suficiente si esto no nos conduce a conocer mejor al mismo Señor. Necesitamos tener experiencias personales con Él actuando con fe basada en sus palabras. El sendero hacia el conocimiento de Dios sólo se transita por medio de estas acciones. No existe otro camino.

25 DE ENERO

Mas a Dios gracias, el cual nos lleva siempre en triunfo en Cristo Jesús, y por medio de nosotros manifiesta en todo lugar el olor de su conocimiento (2 Corintios 2:14).

La fragancia es el objeto más esquivo del mundo. Es imposible definir la fragancia de un día de verano y tampoco se puede imitar. Esto también ocurre en la esfera espiritual. ¿Acaso no hemos tenido la experiencia de palpar una cualidad especial en algún creyente que no podríamos explicar ni describir? Esto es lo que queremos decir cuando hablamos de fragancia espiritual. Proviene de una relación del corazón con Dios que nace de la comunión y la obediencia, y sobrepasa todas las excelencias refinadas de este mundo.

Es verdad que descubrimos finas virtudes en personas que no hacen reclamo alguno de fe en Dios o en Cristo, y a veces estas cualidades naturales, del punto de vista humano, nos avergüenza. Pero, en realidad no existe punto de comparación. La fragancia que proviene de una vida dirigida por el Espíritu Santo se origina en el mismo cielo. Viene de Cristo y dirige a los hombres hacia Cristo.

26 DE ENERO

Por tanto, no te avergüences de dar testimonio de nuestro Señor (2 Timoteo 1:8).

¿Por qué nos vamos a avergonzar de ser cristianos? Cuando el Señor Jesús estuvo colgado en la cruz no sólo llevó nuestros pecados sino también nuestra vergüenza. La Biblia enseña con claridad que Él fue avergonzado. Fue humillado por los soldados en el Pretorio y ultrajado por ellos en el Calvario. Si sufrimos afrenta de los hombres no es más que la porción que nos corresponde. Ningún insulto que recibamos hoy puede compararse con la vergüenza que el Señor soportó en la cruz.

No sea para nosotros una vergüenza el tener que sufrir afrentas pues esta es la porción de todos aquellos que pertenecen al Señor En realidad, es el mundo el que debería avergonzarse. Bien exclamó un poeta: «¿Puede una flor avergonzarse del sol?» ¡Imposible! Así como la flor se abre gustosa para que todos vean su respuesta a los rayos del sol, así debemos confesar, abiertamente delante de los hombres, al Señor que tanto ha hecho por nosotros.

27 DE ENERO

Pronto está mi corazón, oh Dios, mi corazón está dispuesto; cantaré, y trovaré salmos (Salmo 57:7).

Nuestros problemas en la vida son generalmente de dos clases. La primera es circunstancial y surge de los acontecimientos. Deben ser enfrentados y vencidos por medio de la oración. La otra clase es más personal y se produce cuando somos heridos o humillados por otros.

En tales afrentas y malentendidos pareciera que la oración no es suficiente. Yo he orado en tales casos sin éxito. Es inútil luchar con estos problemas en oración, y quiero sugerirles que en lugar de la oración prueben la alabanza.

En tales casos deberíamos inclinar nuestras cabezas y decirle al Señor: «Señor, te doy gracias. Recibo este maltrato como de tus manos y te alabo por todo ello». Al hacerlo, descubriremos que todo trasciende. Lo que el Señor ha permitido que nos ocurra no puede ser malo. Todo lo que Él hace es perfecto. Cuando alabamos a Dios de esta manera nuestro espíritu se levanta victorioso por encima de nuestros problemas y Dios mismo se encarga de nuestros sentimientos heridos.

28 DE ENERO

Vosotros también, como piedras vivas, sed edificados como casa espiritual (1 Pedro 2:5).

El templo de Salomón se construyó con piedras labradas y biseladas, colocadas cada una en su lugar, pero eran piedras inertes, sin vida. Hoy la casa de Dios se edifica con piedras no muertas, sino vivas. Pedro, que escribió estas palabras, era una piedra viva, una unidad, antes de ser edificado con otros. Muchos permanecen así, esparcidos, independientes e inútiles. Si una casa ha de ser edificada, las piedras deben unirse y una piedra debe ser apoyada sobre otra piedra y todas deben quedar encadenadas.

¡Gracias a Dios nosotros somos así! Hemos confiado en el Señor Jesús y ahora somos piedras vivas de Dios. No nos escondamos, pues, disimulados entre los yuyos, para luego ser piedra de tropiezo a otros. Permitamos que nos lleven hasta el lugar de la construcción. Permitamos que se nos coloque lado a lado con otras piedras vivientes, que seamos modelados y ubicados en nuestro lugar. El proceso puede ser algo incómodo, pero el resultado será que Dios tendrá una morada.

29 DE ENERO

Luego Jesús, conociendo en sí mismo el poder que había salido de él ... dijo: ¿Quién ha tocado mis vestidos? (Marcos 5:30).

Este relato nos dice que una multitud se reunió alrededor del Señor Jesús, pero sólo una persona le tocó. Esta mujer vino detrás suyo entre la multitud diciendo: «Si tocare tan solo su manto, seré salva». Ejercitó fe y a continuación experimentó el poder pues «sintió en el cuerpo que estaba sana». Nuestro Señor también sintió el toque y supo todo lo que había ocurrido.

No hubo cambio alguno en la multitud que le rodeaba. Sólo la mujer que tocó al Señor con fe fue instantáneamente cambiado. En consecuencia desprendemos que de nada vale saber las cosas del Señor. Muchos hoy día se familiarizan con las cosas externas de Jesús de Nazaret, sin «tocar» al Hijo de Dios como ella lo hizo. Quedan en el mundo exterior de las multitudes pero nunca se aventuran a penetrar el mundo interior por medio del toque de fe. ¿Notamos la diferencia? No es suficiente el sólo rodearle. Extendamos la mano con fe para tocarle; así las enfermedades se sanan y los problemas se resuelven.

30 DE ENERO

El pan nuestro de cada día, dánoslo hoy (Mateo 6:11).

A algunos les resulta un problema comprender por qué el Señor nos enseña a orar por su Nombre, por el reino de Dios y por su voluntad, y luego cambia en forma repentina a una cosa trivial como el pan diario. Parecería impropio trasladarnos de cosas tan sublimes a una cosa tan ordinaria. Sin embargo, existe una buena razón por estas palabras del Señor. Él sabía muy bien que aquellos que están dedicados a la voluntad del Señor estarán involucrados en recias hostilidades. Los que oran por el reino inevitablemente sufrirán embates de Satanás que amenazarán aun su propia existencia.

El pan es la necesidad elemental del ser humano. Si está empeñado en que la voluntad de Dios se realice en la tierra, él debe permanecer con vida. De ahí la relevancia de pedir por el pan cotidiano, para ser fiel al Señor en este mundo malo.

31 DE ENERO

Y vino una voz desde la nube, que decía: Este es mi Hijo amado; a él oíd (Lucas 9:35).

Cristo es singular. Cualquier comparación que hagamos de Él resultará impertinente. Pedro estaba tan excitado de ver a Moisés y a Elías al lado del Señor, que propuso levantar tres tabernáculos. Sin embargo, la voz divina pronto silenció su propuesto. Moisés y Elías no debían ser colocados en el mismo nivel con Cristo. Por supuesto que Pedro le hubiera dado prioridad a Cristo, relegando a Moisés al segundo lugar, y Elías al tercero, pero Dios repudió la idea de que aun Moisés o Elías, no importa cual haya sido su importancia en el Antiguo Testamento, llegaran a tener un lugar de autoridad en el Nuevo. En el Nuevo Testamento «Cristo es todo y en todos». El cristianismo es Cristo; no Cristo más algo.

Dios dijo en efecto: «Este no es tiempo de hablar, sino tiempo de escuchar. Todo lo que tú o los demás puedan decir, es irrelevante. Sólo hay uno calificado para hablar.» Dios no dijo: «A ellos oíd», sino «a *él* oíd».

1 DE FEBRERO

Ellos le han vencido por medio de la sangre del Cordero y de la palabra del testimonio de ellos (Apocalipsis 12:11).

Cuando comprendemos el significado que tiene la sangre de Cristo delante de Dios, llegaremos a tener más confianza en su presencia, y un testimonio más elocuente delante de los hombres. No sólo afirmaremos con osadía que los pecadores pueden ser perdonados y aceptados por causa de Cristo, sino que también podremos testificar acerca del reino de Dios. «Testimoniar» significa decir a otros lo que Dios ha logrado en Cristo. Él es Rey y esto es un hecho. Además, es un hecho que Cristo ha vencido y seguirá siendo vencedor para siempre. Es un hecho que Él destruyó todas las obras de Satanás en la cruz. Es también un hecho que el reino de los cielos será establecido aquí en la tierra.

Satanás no teme cuando procuramos razonar con él, pero sí tiembla cuando proclamamos estos hechos acerca de Jesucristo. No le importa tanto nuestro conocimiento bíblico, o nuestra teología pero sí debe ceder cuando con corazones consagrados declaramos que Jesucristo es el Señor.

2 DE FEBRERO

> *He aquí os doy potestad ... sobre toda fuerza del enemigo, y nada os dañará* (Lucas 10:19).

Todo aquel que pertenece al Señor es su representante aquí en la tierra. Somos embajadores de Dios. Librados del poder de las tinieblas y trasladados al reino de su amado Hijo, llevamos siempre con nosotros la autoridad del cielo. Sin embargo, junto con esta verdad tenemos una solemne advertencia y es que nosotros debemos someternos a la autoridad de Dios. Sabemos que la creación fue colocada, en un principio, bajo la autoridad del hombre. ¿Por qué, entonces, la creación no acata las órdenes del hombre hoy? Precisamente porque el hombre ha dejado de estar bajo la autoridad de la Palabra de Dios. ¿Por qué mató el león al «varón de Dios»? (1 R. 13:26). Porque «fue rebelde al mandato de Jehová». Por otra parte, sabemos que los leones no dañaron a Daniel ¿Por qué? Porque era inocente delante de Dios. Paralelamente, en el libro de los Hechos leemos que los gusanos consumieron al arrogante Herodes, mientras que una serpiente no pudo dañar la mano de San Pablo. De manera que vemos cómo la naturaleza vuelve a estar bajo la autoridad del embajador de Cristo. Todo gira en torno a la obediencia del embajador.

3 DE FEBRERO

> *Vi entre los despojos un manto babilónico muy bueno, y doscientos siclos de plata, y un lingote de oro ... lo cual codicié y tomé* (Josué 7:21).

El principio babilónico consiste en aparentar algo, con miras a recibir gloria de los hombres. Cuando Acán tomó el manto su único motivo debe haber sido el poder vestirse con él y adornarse para sobrepasar a los demás. Encontramos en el Nuevo Testamento un pecado similar cuando Ananías y Safira ofendieron a Dios, mintiendo al Espíritu Santo. Su devoción al Señor era parcial pero querían aparentar que era total. Querían que otros pensaran que ellos amaban al Señor con un gran amor. Estaban aparentando una posición que no era real.

Este es un gran peligro para los hijos de Dios: aparentar que somos espirituales. Cada vez que en asuntos espirituales nos colocamos una vestimenta que no combina con nuestra verdadera posición, estamos dejando de ser verdaderos adoradores, y ponemos en la práctica el principio babilónico. El Padre busca a aquellos que con sencillez le adoren en espíritu y en verdad.

4 DE FEBRERO

En Jehová se gloriará mi alma (Salmo 34:2).

Osadamente declaramos que el pecado está debajo de nuestros pies, pero al mismo tiempo confesamos con temblor que siempre estamos expuestos a volver a pecar. Estas experiencias contrastantes corten en forma paralela a través de todas las Escrituras, y son parte integrante de nuestra vida cristiana. El problema es que somos propensos a prestar atención a sólo una de las dos.

Existen, por una parte, algunas declaraciones fuertes de las Escrituras: «Dios ... nos lleva siempre en triunfo en Cristo Jesús» (2 Co. 2:14), y «el pecado no se enseñoreará de vosotros» (Ro. 6:14). Estas son afirmaciones osadas y hasta jactanciosas. Sin embargo, la misma persona que hace estas afirmaciones, dice con la mayor humildad: «... los pecadores, de los cuales yo soy el primero». «Si decimos que no tenemos pecado,» nos engañamos a nosotros mismos» (1 Ti. 1:15; 1 Jn. 1:8). Si estas declaraciones tan opuestas han de ser reconciliadas debemos concluir que las dos experiencias en conjunto componen la vida del cristiano. Debemos conocer la plenitud de Cristo y la corrupción que está en nosotros.

5 DE FEBRERO

Mirad por vosotros mismos, para que no perdáis el fruto de vuestro trabajo, sino que recibáis galardón completo (2 Juan 8).

Aparentemente, al final del período del Nuevo Testamento el enemigo de las almas halló entrada en la casa de Dios, y logró que el pueblo de Dios se apartara de sus caminos. De manera que el ministerio de Juan no estaba dirigido a conducir hacia mayores enseñanzas y experiencias, sino a restaurar. Juan no dice algo nuevo, original o llamativo. Lo que hace es llevar lo ya revelado a su consumación. Su ministerio así se distingue por llevar al pueblo de Dios a la posición que había perdido.

Respecto de Juan el Señor había dicho: «Si quiero que él quede hasta que yo venga, ¿qué a ti?» (Jn 21:22). *¡Hasta que yo venga!* El ministerio del Espíritu de verdad, presentado por Juan, perdurará hasta que la historia se complete. El propósito de Dios en su Iglesia será consumado pues nada puede frustrarlo. Aprendamos de Juan a ser fieles hasta que el Señor regrese.

6 DE FEBRERO

¿Pues qué balido de ovejas y bramido de vacas es éste que yo oigo con mis oídos? (1 Samuel 15:14).

El Espíritu del Señor se apartó de Saúl porque no obedeció su dirección explícita. La piadosa protesta que Saúl le hizo a Samuel en el sentido de que él había cumplido el mandamiento del Señor, demuestra de qué manera se había engañado a sí mismo. La frase «destruye del todo» se menciona siete veces en este capítulo con respecto a Amalec. Dios había hablado con toda claridad. Saúl nos demuestra cómo el corazón engañoso puede argüir hasta escabullirse de cumplir con el desafío de la plena obediencia.

En primer lugar, lo hizo cediendo a su propio razonamiento respecto a lo que era bueno y malo, en lugar de sujetarse al expreso veredicto de Dios. En segundo lugar, lo manifestó al proponer enmendarse por hacer un sacrificio a Dios. El favor divino no puede comprarse. No existe una alternativa fácil para la obediencia a su

Palabra expresa. Ni siquiera un sacrificio sirve en tal lugar. El obedecer es siempre mejor.

7 DE FEBRERO

Entonces les fueron abiertos los ojos, y le reconocieron (Lucas 24:31).

Si bien los corazones de estos dos discípulos ardían con una apreciación de las verdades acerca de Cristo, no sospechaban de cuán cerca estaban y cuán íntima era su experiencia personal con Él. Al igual que María, que con gozo les había anunciado su resurrección antes de que ellos iniciaran su viaje a Emaús, no le pudieron reconocer cuando Él se acercó a ellos. Sin embargo, a diferencia de ella, no detectaron en la voz de Jesús algo que les iluminara.

El Señor estuvo un tiempo considerable con estos discípulos, y lo ocupó en el muy provechoso ejercicio de la exposición de las Escrituras. Sin embargo, ni aun así le reconocieron, aunque intelectualmente estaban convencidos de que Jesús era el Cristo, y que había resucitado de los muertos.

Existen dos clases de conocimiento. Uno viene como resultado del estudio; el otro por revelación interior, y ambos son necesarios. El cristianismo no sólo se funda en un «Libro» sino en la revelación espiritual que nos viene a través de ese «Libro».

8 DE FEBRERO

Traed todos los diezmos al alfolí ... y probadme (Malaquías 3:10).

El pueblo de Israel estaba en la extrema pobreza. Si hubieran considerado poner en práctica esta demanda, sin duda hubieran protestado diciendo que al ser insuficientes de por sí diez raciones de arroz, ¿cómo podrían subsistir con sólo nueve?

Si sus diez bolsas de harina no alcanzaban, sería inconcebible procurar arreglarse con nueve. Este es el necio razonamiento del hombre natural, y Dios reprobó a su pueblo por ello. Él ofreció abrir las mismas ventanas del cielo, si tan sólo creyeran que las cosas que son imposibles para los hombres, son bien posibles para Dios.

Me atrevo a decir que el tener las diez porciones es el motivo de su pobreza, mientras que sólo nueve porciones les asegurarían la abundancia. El hombre puede pensar que cuanto más tiene en sus manos, mejor será su condición económica. Tal hombre no sabe que éste es el medio por el cual la pobreza llega a su casa. Traer los bienes a Dios equivale a entrar en la bendición. Retenerlos en nuestras manos es cursar una invitación a la maldición del hambre.

9 DE FEBRERO

Sabiendo Jesús que el Padre le había dado todas las cosas en las manos, y que había salido de Dios ... tomando una toalla, se la ciñó (Juan 13:3, 4).

En Apocalipsis 9 tenemos registrado un acontecimiento que para el autor de aquella época era aún algo futuro. «Vi una estrella que cayó del cielo a la tierra; y se le dio la llave del pozo del abismo. Y abrió el pozo del abismo, y subió humo del pozo como humo de un gran horno» (Ap. 9:1, 2). Este es sin duda lenguaje figurado, pero es evidente que la estrella que cayó es Satanás, y sabemos que el pozo del abismo representa su dominio. Esto nos sugiere que los tiempos del fin serán caracterizados por una liberación de su poder, y los hombres tendrán que enfrentar poderes espirituales que antes no habían conocido.

La más grande necesidad de los santos en esa época será la de ser refrescados. El incidente de la cena en Juan 13 nos relata que Jesús vino de Dios, y a continuación, que refrescó los pies de los discípulos al lavarlos. Considero que en el sucio mundo en que vivimos lo mejor que podemos hacer es salir a nuestras actividades con la frescura de la limpia atmósfera celestial que sólo logramos de Él, cultivando el hábito de estar en su presencia.

10 DE FEBRERO

El que cree en mí, como dice la Escritura, de su interior
correrán ríos de agua viva (Juan 7:38).

Si tengo sed puedo venir al Señor Jesús y beber de Él, pero si me
enfrento con otros que tienen sed no puedo llenar un vaso de agua y
entregárselo. Sólo puedo suplir su necesidad en la medida en que
Cristo sea en mí una fuente de agua. De manera que tengo que beber
continuamente si es que las necesidades de otros han de ser suplidas
por mi intermedio.

Este versículo describe un verdadero ministerio de Cristo que
está al alcance de todos. La palabra de Cristo, el agua viva,
primeramente penetra en nuestro corazón y nos satisface. De ahí en
más nuestra copa debiera rebosar e impartir vida a nuestro alrededor.
El problema es que con frecuencia la Palabra deja de vivir después
de pasar a través de tu vida y la mía. No se trata de cuántas Escrituras
podemos citar a otros sino más bien del fluir hacia otras personas
del Cristo que mora en nosotros. Para ello debemos estar siempre
bebiendo de Él. De lo contrario ninguna sed será apagada.

11 DE FEBRERO

Hoy ha venido la salvación a esta casa (Lucas 19:9).

Cuando Dios está obrando el camello pasa por el ojo de la aguja.
En Lucas 18 un camello indeciso llegó hasta el ojo de una aguja,
pero no pudo pasar. Aquí en Jericó lo atravesó sin problemas.

¿Cómo podía Zaqueo dar de sus bienes en la manera en que lo
hizo? Porque ese día la salvación había llegado a él. Cedió, no porque
le era fácil, ni porque clamó en oración y después de una lucha
logró vencer su egoísmo. No fue rindiendo un poco cada día hasta
que finalmente rindió todo. Aquel que por mucho tiempo estuvo
amontonando con avaricia, corriendo serios peligros y cayendo en
el desprecio de sus connacionales en el afán de aumentar sus
riquezas, repentinamente lo dejó todo. La única explicación es que
la salvación había llegado a su casa.

12 DE FEBRERO

*Las riquezas de la gloria de este misterio ... que es Cristo
en vosotros, la esperanza de gloria* (Colosenses 1:27).

Frecuentemente escuchamos testimonios de experiencias que han
traído bendición a la vida, y tomamos conciencia de cuán valiosas
han sido, pero cometemos el error de fijar la mirada en la experiencia
en lugar de mirar al Señor que la dio. Como resultado nosotros
procuramos reproducir la situación, pero sólo sufrimos una derrota.
Señalemos claramente que confiar en el Señor, y seguir una fórmula
son dos cosas totalmente distintas. El hermano que dio su testimonio
habrá tenido por la gracia de Dios un contacto fresco con el Señor y
como resultado encontró plena satisfacción. Si nosotros intentamos
imitar sus métodos sólo acabaremos con una estéril copia de mi
experiencia.
  Ni la fórmula ni los métodos valen sino sólo el Cristo viviente.
La razón de muchas oraciones sin respuesta y vidas cristianas débiles,
se debe a la falta de un contacto personal con el Señor. No es
suficiente con sólo copiar métodos. ¡Vayamos a Él que es la única
fuente de experiencia vital!

13 DE FEBRERO

Los amigos te saludan. Saluda tú a los amigos (3 Juan 15).

  ¿Hemos reconocido que la amistad es algo muy especial? La
amistad trasciende rangos y posición. No es ni formal ni legal, sino
que rompe con todas las barreras del «status». Aunque parezca
imposible el hombre puede llegar a ser amigo de Dios. Abraham lo
fue. Si Abraham hubiera actuado sólo formalmente como hombre,
y Dios formalmente como Dios, jamás podrían haber llegado a ser
amigos.
  ¡Cuánta riqueza espiritual había en el anciano apóstol Juan! Había
caminado ya tanto con Dios, y, sin embargo, cuando escribe esta
carta no habla de hermanos y hermanas sino de amigos. Juan había
llegado al cenit de la riqueza espiritual, y había avanzado tanto en
edad que bien podría haber palmeado a algún hermano de sesenta o
setenta años en la espalda, y haberle dicho: «Hijo mío». Sin embargo,

no lo hizo. Olvidó su superioridad en experiencia de la vida, y les habló como «amigos». Algún día, cuando seamos realmente maduros, ¡quizás nos hagamos amigos de los niños!

14 DE FEBRERO

Contra mí son todas estas cosas (Génesis 42:36).

No pensemos que después de la experiencia de Peniel Jacob ya no necesitaba de la disciplina del Señor. La requería y la recibió. Desde el tiempo en que Débora, la sierva de Rebeca, falleció experimentó toda suerte de problemas familiares. Perdió a su amada Raquel. Simeón y Leví trajeron una vergonzosa afrenta sobre la familia. Rubén, su hijo mayor, le afrentó penosamente. Luego también desapareció José, y Jacob tenía fundados motivos para pensar que estaba muerto. Pensó que él mismo bajaría a la tumba con la profunda tristeza de haberlo perdido. Sólo le quedaba el pequeño Benjamín, su último tesoro, pero ahora había llegado el momento en que él también debía partir. Todo parecía estar contra él.

La verdad es que Jacob recién estaba por entrar en el período más brillante de su vida. Sus últimos años no serían de declinación, sino que serían comparables a los de Pedro, Pablo o Juan. En algunos sentidos Abraham e Isaac palidecieron, mientras que Jacob, de una manera silenciosa, entró en un período de bendición fructífera.

15 DE FEBRERO

Orando en todo tiempo con toda oración y súplica en el Espíritu, y velando en ello con toda perseverancia (Efesios 6:18).

Los nuevos creyentes deben considerar la oración seriamente como una tarea, y debieran llevar un registro de sus oraciones. De esta manera podrán saber cuántas cosas le han pedido a Dios, cuántas veces Él les ha respondido, y cuántas oraciones aguardan todavía la contestación de Dios.

Antes de anotar los detalles será conveniente apuntar en su

cuaderno algunos motivos importantes que deben ser mencionados diariamente, a saber: 1) Orar por los habitantes de todo el mundo para que se salven. 2) Orar por la plena restauración de Israel pues es el pueblo escogido de Dios. 3) Pedir a la Cabeza de la Iglesia para que dé luz, gracia y dones espirituales a los suyos. ¡Cuánto necesita la Iglesia hoy estas cosas! 4) Los creyentes debemos orar por nuestros países para que podamos vivir en quietud y en piedad. No pasemos por alto estas oraciones que con tanta frecuencia se olvidan.

16 DE FEBRERO

El templo de Dios fue abierto en el cielo, y el arca de su pacto se veía en el templo (Apocalipsis 11:19).

Dios les dijo antiguamente a los israelitas que construyeran un arca, o caja, de madera de Sitim de acuerdo al modelo que le fue dado a Moisés en el monte, y que la colocasen en el tabernáculo. Más adelante, cuando Salomón construyó el templo, el arca fue trasladada allí. Finalmente, cuando Israel fue llevada en cautiverio a Babilonia, se perdieron los rastros del arca. El símbolo desapareció pero la realidad que anticipaba permanece pues al final en el cielo Dios vuelve a mostrar el arca. ¿Cuál era esa realidad?

El arca era una expresión de Dios mismo. Estaba reservada, no para el hombre sino para Dios. Por medio de esta visión del arca en el cielo tenemos la seguridad de que Dios no se negará a sí mismo pues no puede revocar sus compromisos, ni contravenir su carácter. Así aprendemos que lo que es de Dios, nunca puede fallar y jamás puede frustrarse. Por medio de este vistazo al cielo Dios nos asegura que a causa de su propio nombre, consumará finalmente todas las cosas que se propuso hacer en el principio.

17 DE FEBRERO

El Señor de aquel siervo, movido a misericordia, soltó y le perdonó la deuda (Mateo 18:27).

¿Hemos comprendido que el perdón de este relato es una

ilustración del evangelio? Era absurdo por parte del siervo pedir tiempo para poder pagar su deuda. Ni aun vendiendo todo lo que tenía, y vendiéndose a sí mismo, podría jamás pagar su deuda. Es como si dijera: «Dame tiempo. Mis intenciones son buenas. No quiero evadir mi responsabilidad. Haré todo lo que pueda. Pagaré todo lo que debo cuando pueda.»

Si vamos en esta actitud al Señor Él no responde: «Bien. Págame lo que puedas ahora y el resto más adelante o poco a poco en cuotas». ¡No! Él perdona todo en forma gratuita. Dios da gracia y la continuará dando hasta que su propio corazón quede satisfecho. Si Él da, lo hace de acuerdo a su propia naturaleza. Podemos pedir confiadamente, pues siempre obra de una manera mucho más abundante de lo que pedimos o aun pensamos.

18 DE FEBRERO

No hay Dios fuera de mí. Yo te ceñiré aunque tú no me conociste (Isaías 45:5).

En este pasaje encontramos algo singular. Ciro, conquistador de Babilonia y rey de Persia, no conocía a Dios y, sin embargo, se lo describe como el ungido de Jehová. En las Escrituras la unción siempre señala a un hombre que ha sido elegido por Dios para un propósito especial, o para cumplir una tarea para Él.

De manera que Ciro nos ofrece una ilustración de cómo aparecen los gobiernos del mundo ante los ojos de Dios. Él no tenía ninguna relación personal con Dios. Sin embargo, estaba en las manos del Señor para cumplir su voluntad. Todos los poderes de este mundo están en las manos de Dios. Un gobierno sube y otro cae, pero Dios está por encima de todos. Dios no dijo que Ciro era su «instrumento» sino su «ungido». El levantamiento y la caída de las naciones en la historia, es controlado por su soberana elección y para el cumplimiento de sus propósitos que sólo son propósitos sabios y motivados por su amor.

19 DE FEBRERO

He aquí el reino de Dios está entre nosotros (Lucas 17:21).

¿Qué quiso decir Jesús cuando habló estas palabras a los fariseos? Sencillamente: «Yo estoy aquí». Sabemos muy bien que el reino de Dios no podía estar dentro de los fariseos, pero ese día estaba en medio de ellos porque el Rey estaba entre ellos. La presencia del Señor Jesús implica el gobierno irrestricto de Dios. Donde Él está el reino está.

Por la redención nosotros también hemos sido introducidos en un reino (Ap. 1:6). El reino no sólo está donde Cristo está, sino también donde está su Iglesia. Este es el lugar donde Él goza de libertad para ejercer su autoridad.

Cristo requiere una esfera de acción que nosotros le suministramos, para que su reino, su poder y su gloria, puedan fluir. Para nosotros, lo que más importa no es nuestra recompensa futura o una supuesta posición en el reino. Lo que sí importa, es el cumplimiento de nuestro rol de traer su reino entre los hombres hoy.

20 DE FEBRERO

¿Qué haré, Señor? Y el Señor me dijo: Levántate, y vé a Damasco (Hechos 22:10).

Antes de su encuentro con el gobierno soberano de Dios Pablo se había propuesto desterrar a la Iglesia pero después de caer sobre su rostro en tierra y reconocer a Jesús como Señor, fue transformado y llegó a ser capaz de someterse a las direcciones de un miembro de esa iglesia, llamado Ananías. En ese momento en que Pablo fue salvado, había llegado a conocer la autoridad y la misericordia de Dios.

¿Cómo pudo Pablo, hombre de carácter tan dominante, escuchar las palabras de un desconocido discípulo como Ananías, a quien las Escrituras sólo mencionan en este incidente? Sin duda, la respuesta es que se había sujetado al reinado de Dios. Si no se hubiere encontrado con la autoridad divina en el camino a Damasco, jamás podría haberse sometido a las instrucciones de un desconocido discípulo de dicha ciudad.

21 DE FEBRERO

El amor es sufrido, es benigno (1 Corintios 13:4).

Pablo sabía muy bien cuán fácil es desplegar un torrente de palabras huecas que sólo retiñen como un címbalo. Sus palabras no eran huecas pues él mismo afirmó: «Creemos, por lo cual hablamos». Es bastante fácil enseñar las verdades acerca del amor que se mencionan en este capítulo, y aun memorizar el capítulo para impresionar a los oyentes. En el caso de Pablo, bien sabemos que no escribió para impresionar, sino que escribió con su corazón.

Los corintios habían expresado muchas críticas contra Pablo. Decían que hablaba mucho pero que sus palabras no merecían ser oídas; que buscaba su dinero, y que su reputación estaba siendo cuestionada. Además decían que no era un apóstol con comisión ni designación divina. También le acusaban de estar siempre vacilante, de decir que iba a visitarles y que luego cambiaba sus planes. Pablo escuchó todas sus críticas. ¿Y qué hizo? Sólo respondió con el amor y la benignidad de la cual escribió con acentos tan hermosos en este capítulo 13 de Primera Corintios.

22 DE FEBRERO

Dad, y se os dará; medida buena, apretada, remecida y rebozando darán en vuestro regazo (Lucas 6:38).

Dios está dispuesto a suplir nuestras necesidades de una manera superabundante, si se lo permitimos. No pensemos ni por un instante que Él es pobre. Todo lo que hay en el mundo le pertenece a Él. Dios puede suplir ciertamente lo que necesitamos. Sin embargo, hay algo que nosotros debemos hacer, una condición que debemos cumplir antes. Lo que Él requiere es que nosotros mismos damos. Si nosotros damos, entonces se cumplirá su promesa, y recibiremos.

Los cristianos debiéramos tener un método especial para administrar nuestras finanzas. El mundo calcula sus ingresos, pero nosotros debemos medir nuestra renta en función de los egresos. Una entrada magra es con frecuencia la resultante de dar en forma inadecuada. El ofrendar adecuadamente nos garantiza una provisión suficiente de Dios. Si tú no das, el Señor no está obligado a darte a ti. Muchos tienen fe para pedirle dinero al Señor, pero no tienen fe para darlo. Cuando Dios da, siempre lo hace generosamente. No sólo da medida buena, sino también apretada, remecida y rebosante.

23 DE FEBRERO

Venid, y edifiquemos el muro de Jerusalén, y no estemos más en oprobio (Nehemías 2:17).

Separación para Dios, que involucra seperación del mundo, es un principio fundamental de la vida cristiana. Si Dios quiere su ciudad con medidas particulares y gloria celestial en la eternidad, se hace necesario que nosotros construyamos ahora en corazones humanos, el muro que es la primera característica de aquella ciudad.

En su época Nehemías logró reconstruir el muro de Jerusalén, pero sólo lo hizo ante una gran oposición del enemigo. Satanás aborrece ver cuando el pueblo de Dios se distingue de los demás. No puede tolerar que un hombre se separe del mundo, para Dios. Por esta razón Nehemías y sus colegas se armaron, y así, equipados para la guerra, colocaron piedra sobre piedra. Sigamos nosotros su ejemplo. Sepamos guardar todo aquello que es de Dios como algo precioso, y separémonos para Él, no comprometiéndonos con todo lo que sea del mundo. Hay una vergüenza que debe ser removida y separada, y para ello somos llamados a construir. Este es un asunto de primordial importancia.

24 DE FEBRERO

Echa mano de la vida eterna, a la cual asimismo fuiste llamado, habiendo hecho la buena profesión delante de muchos testigos (1 Timoteo 6:12).

Nosotros consideramos que una vida cambiada, sin una correspondiente confesión oral, es inadecuada. Un cambio de conducta no constituye un substituto para una confesión con la boca. Con frecuencia hemos oído que si un hombre tiene una buena conducta no tiene necesidad de testificar para Dios. Tal posición le deja con un punto débil. Es cierto que nadie podrá hablar contra él si su conducta es aprobada, pero tampoco lo harán si su conducta es mala. Si, por otra parte, ha confesado públicamente su fe en Cristo, el momento en que su conducta sea incorrecta, el mundo se levantará contra él acusándole de ser inconsecuente.

Insistir en buena conducta sin confesión de fe, equivale a dejar una puerta trasera abierta. Al proveer una puerta de escape para no ser criticado si algún día fallamos en nuestra conducta, nos hemos preparado, en efecto, para el fracaso. ¡Cerremos esa brecha! Levantémonos y confesemos al Señor. Luego, apoyándonos en Él para recibir la ayuda necesaria, vivamos de una manera coherente con nuestra profesión.

25 DE FEBRERO

Jesús le dijo: Yo soy el camino (Juan 14:6).

El camino de Dios para el hombre no es una ruta que puede observarse en un mapa. En realidad no es algo, sino Alguien. Su Hijo es el único camino para asegurar su fin. El único camino que nos conduce desde donde estamos hasta donde Dios está, es Cristo. Todos los que en realidad han venido a Dios, lo han hecho por medio de este descubrimiento. Cristo no sólo nos enseña el camino del Padre, sino que Él es ese camino. Nos encontramos con Él, y Él nos conduce a Dios. Partiendo de esta experiencia debemos también reconocer que progresivamente al igual que inicialmente, sólo podemos tener acceso al Padre por medio del Hijo. «Yo soy el camino», fue la revelación que recibimos cuando vinimos a Cristo. Este hecho sigue siendo la verdad ahora y lo será para siempre.

Muchos creyentes derrotados han buscado por años lo que ellos llaman el «camino de la victoria» y siguen así en dicha búsqueda. Lamentablemente, están buscando un camino, y fracasan en descubrir que Cristo es el Camino. Mientras estemos empeñados en buscar una técnica para vencer al pecado y a Satanás, estaremos condenados al fracaso. Las fórmulas son útiles en el mundo natural, pero en la esfera espiritual, nada tiene valor aparte del mismo Cristo viviente.

26 DE FEBRERO

Aunque era Hijo, por lo que padeció aprendió la obediencia
(Hebreos 5:8).

De la misma manera que la rebelión se originó en los seres
creados, se hace necesario ahora que la obediencia sea establecida
entre ellos. El hombre pecó por rebelarse y en consecuencia, la
autoridad de Dios debe volver a instituirse en la obediencia humana.
Esto nos explica por qué el Señor Jesús vino al mundo y se identificó
con el hombre. Lo hizo, y luego quebró la larga tradición de
independencia humana en lo que a Dios se refiere, caminando
humildemente por el sendero de la obediencia a Dios. Notemos que
no *trajo* la obediencia a la tierra, sino que Él la *aprendió* a la práctica
como ser humano, y lo hizo a través del sufrimiento.

Nosotros también debemos practicar la obediencia por los mismos
medios. Nuestra utilidad no la determina la cantidad de sufrimiento
que hemos soportado, sino el grado de obediencia que hemos
aprendido al caminar con el Señor a través del sufrimiento. Sólo
son verdaderamente útiles a Dios aquellos que han aprendido a toda
costa a obedecerle.

27 DE FEBRERO

Ni deis lugar al diablo (Efesios 4:27).

Satanás no puede operar en nuestras vidas a no ser que le cedamos
un punto de apoyo. De ahí que su primer objetivo al tentarnos apunta
a lograr alguna base. El paso siguiente será un asalto desde el punto
de apoyo que ha logrado. Un territorio desde el cual opera, quizás el
más extenso, es el del temor.

Un querido consejero mío solía decirme que «el temor es la tarjeta
de presentación de Satanás». Cada vez que aceptamos su tarjeta de
presentación, recibiremos su visita. Si le tememos, vendrá a
atacarnos. Si no le tememos, se mantendrá a distancia. Ningún hijo
de Dios debe vivir con temor a Satanás, aun cuando ruja como un
león. Dentro de nosotros hay Uno que ha demostrado ser mayor que
él.

28 DE FEBRERO

*Y yo, si fuere levantado de la tierra, a todos atraeré a mí
mismo* (Juan 12:32).

Por encima del presente desorden mundial, el Señor Jesús
proclama: «Y yo....» La expresión contrasta en forma aguda con la
que la precede. «Yo», contrasta con su antagonista, que es el príncipe
de este mundo. Por medio de la cruz, por medio de la obediencia
evidenciada hasta la muerte por Aquel que es el grano de trigo de
Dios (Jn. 12:24), el gobierno de este mundo cuyo principio es la
compulsión y el temor, fenecerá con la caída de su orgulloso
gobernante.

Por medio de su resurgimiento a la vida será implantado en su
lugar un nuevo reino de justicia que se caracterizará por una
espontánea lealtad hacia Él. Con cuerdas de amor los corazones se
alejarán de un mundo que está bajo juicio y serán atraídos a Jesús,
el Hijo del Hombre quien, si bien fue levantado en la cruz para
morir, fue por ese mismo acto levantado para reinar.

29 DE FEBRERO

Si vivimos por el Espíritu, andemos también por el Espíritu
(Gálatas 5:25).

Andar en el Espíritu significa que todas nuestras acciones deben
estar sujetas a las leyes y principios que son propios del Espíritu
Santo. Bajo estos principios todo queda claramente definido. Habrá
una apreciación exacta de lo que es bueno y de lo que es malo. Lo
bueno es bueno aunque el día sea nublado. Lo que es malo será
malo ya sea algo excitante o repulsivo. El andar del cristiano debe
obedecer a principios bien definidos.

Aquel que sólo se mueve en base a emociones, no será gobernado
por principios, sino por los caprichos de las vacilantes emociones.
Si alguna emoción le llega a estremecer, puede muy bien ser tentado
a hacer algo que normalmente consideraría irrazonable. Si por otra
parte se siente decaído puede aun dejar de hacer aquello que él sabe
es su deber elemental. El remedio de Dios para estos dos extremos
pendulares es sencillamente el andar en el Espíritu.

1 DE MARZO

Cuando Cristo, vuestra vida, se manifieste, entonces vosotros también seréis manifestados con él en gloria (Colosenses 3:4).

¡Cuántos de nosotros vivimos en un temor constante a la tentación! Sabemos qué poco podemos resistir, pero olvidamos lo mucho que Cristo puede soportar. Hemos oído decir: «Puedo resistir hasta cierto punto, pero de ahí en más soy inútil». Si dos niños lloran a la vez la madre los puede soportar, pero si tres o cuatro lloran al mismo tiempo, la pobre madre pierde el control y se hunde.

Sin embargo, en realidad no es cuestión de si lloran dos hijos o tres hijos. El problema más bien gira sobre el hecho de si yo estoy obteniendo la victoria o si Cristo la está obteniendo. Si soy yo, entonces sólo puedo soportar a dos niños llorando al mismo tiempo. Si es Cristo, ¡no importa que lloren veinte a la vez! El ser conducidos por Cristo a la victoria significa que luego quedaremos maravillados de cómo se concretó.

Esto es algo que Dios se deleita en hacer, guiándonos a nuevas revelaciones de su persona. De manera repentina, un día descubrimos que Cristo es nuestra vida. Ese día todo cambia.

2 DE MARZO

Vuestro Padre sabe que tenéis necesidad de estas cosas (Lucas 12:30).

Muchos de nosotros hemos experimentado vez tras vez que Dios nos controla por medio de circunstancias que tienen que ver con la falta de dinero. Cuando hemos vivido en el centro de su voluntad la provisión ha sido segura, pero tan pronto nos hemos alejado del contacto vital con el Señor la situación se ha tornado difícil.

En su propia obra, Dios debe ejercer la sola dirección. Algunas veces se nos ha ocurrido que Dios quería que hiciésemos algo, pero Él nos ha demostrado que no era su voluntad al retener los medios económicos para hacerlo. De manera que hemos tenido que estar sujetos a su dirección, y su dirección es muy preciosa. Si dejáramos de depender de Él, ¿cómo se podría desarrollar esta confianza?

Nuestro vivir por la fe debe ser absolutamente real. Debemos mantener la mirada fija en el Dios mmutable cuya gracia y fidelidad permanecen para siempre.

3 DE MARZO

Ya no vivo yo, mas vive Cristo en mí (Gálatas 2:20).

Dios no le ha constituido a Cristo como un ejemplo a quien debemos copiar. Él no nos da su fuerza para que podamos hacerlo. Tampoco ha implantado a Cristo en nosotros para ayudarnos a ser como Él. Gálatas 2:20 no es una meta que persiguen aquellos que quieren obtener un récord en su experiencia cristiana. No constituye una noble aspiración que se logra a través de una larga búsqueda y un paciente progreso. No, Gálatas 2:20 no es una meta de Dios sino el *método* de Dios.

Cuando Pablo dice: «Ya no vivo yo, mas vive Cristo en mí», nos está mostrando la vida que le produce satisfacción a Dios en el creyente, y para ella no hay substituto. «No yo, mas Cristo» significan Cristo *en lugar* mío. Al emplear estas palabras Pablo no está afirmando que él ha logrado una posición que los demás creyentes aún no conocen. Está presentando una definición de la vida cristiana. La vida cristiana es la vida de Cristo. Dios da a Cristo para que Él llegue a ser mi vida, y para vivir su vida en mí.

4 DE MARZO

Viene el príncipe de este mundo, y él nada tiene en mí (Juan 14:30).

Cuando el hombre fue tentado y cayó, Dios maldijo al tentador. «Sobre tu pecho andarás» fue la sentencia, «y polvo comerás todos los días de tu vida». De esta manera la esfera designada a Satanás fue la tierra, y su alimentación vendría a ser la misma sustancia con que el hombre fue hecho. Satanás había obtenido el derecho a todo lo que el hombre había llegado a ser por desobedecer a Dios. Había adquirido los derechos de un usurpador intruso en la antigua creación. Alabemos a Dios que por medio de Cristo, Satanás ya no tiene derechos sobre nuestras vidas. El Dios Redentor hizo frente a la situación quitando de en medio a la antigua creación en la cruz del Calvario y dándonos en Cristo una nueva creación. Dios tenía preparado un Hombre. Este Hombre, aun viviendo sobre la tierra, podía afirmar que el príncipe de este mundo no tenía derecho alguno sobre su persona. Este Hombre está ahora sobre el trono, garantizando a la vez que Satanás tampoco tiene derecho sobre nuestra vida, desde que fuimos redimidos. El Hijo del Hombre fue glorificado para que nosotros, los muchos hijos, también seamos llevados a la gloria.

5 DE MARZO

Y miró Jehová con agrado a Abel y a su ofrenda (Génesis 4:4).

Caín era agricultor y cultivaba la tierra. Eso era precisamente lo que ocupaba a su padre en el Edén. Cuando Adán trabajaba la tierra allí, podemos suponer que tomaba del fruto de la tierra y lo ofrendaba a Dios. Ahora Caín estaba fuera del Edén por causa del pecado. Sin embargo, continuaba trabajando la tierra como antes, obtenía frutos como antes, y también ofrendaba a Dios como antes. Dios no sólo rehusó aceptar la ofrenda de Caín, sino que, además, lo rechazó a él.

Lo que el hombre hacía antes de caer en el pecado era aceptable a Dios. Sin embargo, cuando el hombre quebranta las normas establecidas por Dios y actúa como si nada hubiera ocurrido provoca su condenación. Así procedía Caín. Seguía ofreciendo frutos a Dios como si nada hubiera ocurrido. Pecar es malo en sí, pero no tomar conciencia del pecado cometido es mucho más grave. Abel, sin embargo, fue aceptado porque admitió que se había producido un cambio. Su sacrificio reconocía que él había pecado y que el derramamiento de sangre era necesario para satisfacer a Dios.

6 DE MARZO

El que aun jurando en daño suyo, no por eso cambia (Salmo
15:4).

No importa cuál sea la naturaleza del contrato, cuando un cristiano
da su palabra debe ser honrada. Nosotros tenemos salvación porque
Dios guarda su Palabra; Él permanece fiel a su compromiso. Los
gabaonitas engañaron astutamente a Josué, y él hizo un acuerdo
con ellos antes de descubrir su falsedad (Jos. 9:19). Sin embargo,
Dios exigió que los términos del acuerdo se respetaran, y años más
tarde retuvo la lluvia de la tierra de Israel porque Saúl, su rey, había
quebrado el convenio.

Dios no permitirá que en forma despreocupada destruyamos un
convenio. Aquel que insistió en que Josué debía perdonar a los
gabaonitas, y más tarde que el rey David reparara el daño que se les
había hecho, espera que nosotros seamos fieles a nuestra palabra
empeñada, aun cuando las circunstancias nos sean adversas.

7 DE MARZO

*Buena conciencia, desechando la cual naufragaron en
cuanto a la fe algunos* (1 Timoteo 1:19).

Una embarcación que ha naufragado no puede navegar más. Nuestro
servicio a Dios depende de si hay o no alguna ofensa que está aún
pendiente en nuestra conciencia. La confesión a Dios removerá la ofensa,
pero si no rechazamos la acusación de Satanás nuestra conciencia
continuará llevando su carga. No podremos servir a Dios de una manera
efectiva hasta tanto nuestra conciencia esté en paz.

¡Cómo erramos cuando creemos más a la acusación del diablo
que en la sangre preciosa de Cristo! Cuando cometemos un pecado
deshonramos a Dios, pero si después de ello fracasamos en poner
nuestra confianza en la muerte de Jesucristo por nuestros pecados,
le deshonramos más todavía. Pecar es algo vergonzoso, pero es más
vergonzoso aún buscar la paz en otro medio que no sea Jesucristo.
Si pecamos y no recurrimos a Dios de inmediato, merecemos ser
acusados. Si hemos confesado nuestro pecado, ¿qué más puede
decirse contra nosotros?

8 DE MARZO

¿Por qué clamas a mí? Dí a los hijos de Israel que marchen
(Éxodo 14:15).

Pablo oró tres veces pidiéndole al Señor que le quitara el «aguijón
en la carne» que le hacía sufrir, pero la respuesta que recibió fue:
«Bástate mi gracia». ¿Oró después una cuarta vez? No. Una vez
que el Señor le habló, el problema quedó resuelto por esa su palabra.
Si oramos después de haber recibido una promesa lo único que
lograremos es volver a introducir la duda. Si Dios ya te ha hablado
y tienes fe, lo que resta es alabar al Señor. Si continúas orando sólo
disiparás tu fe. Seguir orando en tales circunstancias equivale a salir
de una posición de fe y dar lugar a la duda. Al hacerlo demostramos
que no estamos confiando en lo que Dios ya nos ha dicho. Aun en
nuestras relaciones humanas, sin duda, pedimos hasta tanto
recibamos una promesa, pero una vez que la promesa ha sido dada,
¿no es verdad que expresamos nuestra gratitud por ella?

9 DE MARZO

*La luz en las tinieblas resplandece, y las tinieblas no
prevalecieron contra ella* (Juan 1:5).

Existe el peligro hoy día de concentrarnos en el estudio y
discusiones de temas oscuros, y hacer de ellos el tema obligado de
nuestras conversaciones. Al pensar y disentir acerca de ellos
invitamos a la oscuridad. El creyente debe aprender en esta vida a
dejar de lado todo lo que es negativo, y ocuparse de aquello que es
positivo.

La oscuridad no puede ser desterrada del mundo, pero la luz la
puede absorber. Lo inverso nunca acontece. No hay tal cosa como
que la oscuridad absorbe la luz. La luz es luz donde quiera que esté,
aun cuando se oculte debajo de un almud. Permítanme repetirlo.
Aun en este mundo oscuro la luz es luz. Toda la oscuridad del mundo
no la puede extinguir, sino por el contrario, tiene que retroceder,
aun ante la insignificante luz de una vela. Cuando nos encontramos
en la oscuridad, es absurdo tratar de disiparla. Todo lo que debemos
hacer es traer la luz.

10 DE MARZO

Porque yo vivo, vosotros también viviréis (Juan 14:19).

Dios nos ha dado a su Hijo para que Él sea nuestro substituto en la cruz. Para comprender esto debemos primeramente conocer en qué consiste la vida. Cuando una persona irritante nos visita, de inmediato nos damos cuenta que necesitaremos paciencia, pero, ¿dónde se origina mi paciencia? Para ejercer paciencia tengo que extraerla de mi propia vida. Con frecuencia, para actuar con paciencia debemos realizar un gran esfuerzo. Esta es, sin duda, una experiencia bien conocida por nosotros.

Para emplear otra ilustración, supongamos que tenemos una gran tarea por delante, y sabemos que para realizarla debemos ser diligentes. La diligencia también requiere que utilicemos todas nuestras capacidades físicas e intelectuales. Pensemos en otro caso más. Si alguien enfrenta problemas y sabemos que debemos manifestarle amor y proporcionarle ayuda, ¿de dónde vendrá nuestra capacidad para ayudarle? Por supuesto que es nuestra vida, nuestra naturaleza, la que nos permite amar. Toda esta actividad plantea tremendas demandas sobre nuestra vida que consumen nuestras fuerzas. Aquí está precisamente la maravilla de nuestro texto: Dios nos ha dado a Cristo con el propósito de que Él sea *nuestra* vida.

11 DE MARZO

Jesús le dijo: Sígueme; deja que los muertos entierren a sus muertos (Mateo 8:22).

Aquí tenemos el caso de un padre incrédulo que vive y un hijo que piensa que sería mejor regresar a su hogar y esperar hasta el fallecimiento y el sepelio de su padre antes de seguir al Maestro. Jesús responde a esta idea con el principio de que los muertos entierren a sus muertos. Los «muertos» en este caso sólo pueden ser los muertos espirituales, y con sus palabras el Señor llama al discípulo a seguirle, y dejar la responsabilidad de la sepultura a tales personas.

Esto no sugiere de ninguna manera que un nuevo creyente no debiera cumplir con su deber filial hacia sus padres. Menos aún que puede despreocuparse de sus necesidades espirituales justo antes de ir ellos al encuentro de Dios. Lo que recalca más bien es el principio de dejar que las personas de este mundo continúen con las tareas que el discípulo deja inconclusas. No esperemos hasta que toda tarea terrenal haya sido terminada antes de venir a Cristo. Si así lo hacemos, con toda probabilidad, ¡no nos quedará tiempo alguno para ser cristianos!

12 DE MARZO

El río de Dios, lleno de aguas (Salmo 65:9).

Una marea tiene flujo y reflujo. ¿Puede ser que el poder de Dios y la vida en el Espíritu se caracterice por este fenómeno? ¡De ninguna manera! Su vida no conoce reflujo, sino que fluye eternamente. No sube y baja como el mar, sino que es como un río con un caudal permanente que siempre fluye. La marea debe ceder a ciertas horas pero la fuente de agua de vida no conoce variación.

Si la fuente de agua de vida dentro del creyente se restringiera y dejara de fluir, no es porque haya algún problema en su origen. Es más bien el conducto de salida que ofrece obstrucción. El agua de vida debe tener un conducto limpio, y debe dirigirse hacia alguna parte. Otros la necesitan. La respuesta es sencilla: limpiemos el conducto y el flujo volverá a restablecerse en forma ininterrumpida.

13 DE MARZO

En aquella misma hora Jesús se regocijó en el Espíritu (Lucas 10:21).

Sólo en una ocasión encontramos en los evangelios al Señor Jesús regocijándose, de manera que será fácil aprender una lección de este pasaje. Parecería que había tenido poco éxito en su ministerio en estas ciudades de Galilea, y sin embargo se regocijó en espíritu. Obviamente su gozo no dependía de las circunstancias, sino era debido a que el Padre estaba haciendo lo que a Él le parecía bien. No se regocijó por el éxito de su propia tarea, sino sencillamente en la voluntad de su Padre.

La Biblia nos dice que el gozo del Señor es nuestra fortaleza (Neh. 8:10). Es este gozo el que nos sostiene. No se trata de invitar a Jesús en su gozo, sino de que el mismo gozo que Él tenía es también nuestro. Por supuesto que en este mundo habrá cosas que nos produzcan tristeza, pero ¿no es acaso cierto que si perdemos el gozo, perdemos también nuestra fortaleza? Debemos aprender a vivir por su gozo que significa regocijarse en recibir el beneplácito del Padre.

14 DE MARZO

Cristo Jesus vino al mundo para salvar a los pecadores, de los cuales yo soy el primero (1 Timoteo 1:15).

Este Pablo, que había peleado la buena batalla, había acabado la carrera y había guardado la fe, se llamaba a sí mismo el «primero» de los pecadores. Las palabras «yo soy» indican el tiempo presente. Esto revela que su propia apreciación era inmutable. Nada tenía de lo cual se podía jactar. Al igual que todos los otros pecadores, él dependía enteramente de la gracia de Dios.

Pero más aún, Pablo se consideraba peor que los demás, sintiendo que él tenía una necesidad mayor que cualquier otro de la gracia de Dios. Bien podemos considerar a Pablo como un hombre que sobrepasó a todos los demás en recibir luz del Señor. Posiblemente este hecho es el que le hacía sentirse más responsable y más severo consigo mismo. Son precisamente los que carecen de iluminación divina que imaginan que están avanzando en santidad. Aquel que ha vislumbrado por un instante la luz de la gloria de Dios, se ha visto también a sí mismo tal como es.

15 DE MARZO

Porque nadie aborreció jamás a su propia carne sino que la sustenta y la cuida, como también Cristo a la iglesia (Efesios 5:29).

En el versículo 25 de este capítulo leemos que Cristo amó a la Iglesia y se dio a sí mismo por ella. Los verbos en tiempo pasado señalan el propósito de su muerte, a fin de obtener para sí una novia.

Si bien la presentación de la novia a Él se realizará en una fecha futura, su obra se ha realizado ya en el pasado.

Sin embargo, en el versículo que hoy meditamos, el tiempo de los verbos es presente. El Señor está actualmente sustentando y cuidando a su Iglesia. Se menciona que ningún hombre aborrecerá su propia carne. Si una persona normal se ha lastimado la mano la cuidará y procurará curarla. Si se lastima un pie también lo atiende cuidadosamente. Conociendo el cuidado que tenemos de nosotros mismos, podemos comprender mejor cómo es que Cristo se ocupa de cuidarnos y sustentarnos. Somos parte de su cuerpo, objeto apreciado de su amante cuidado.

16 DE MARZO

Jehová el Señor me dio lengua de sabios (Isaías 50:4).

Estas palabras fueron una profecía respecto del Señor Jesús. Podría traducirse: «la lengua de un discípulo», o sea uno que se ha disciplinado para aprender. El secreto del progreso espiritual es una disposición a ser enseñados por Dios. Debemos abrir nuestras mentes, nuestro corazón y nuestro espíritu, dejando siempre abierto el camino para recibir impresiones divinas. Cuando en nuestra juventud nos embarcamos en la obra del Señor, pensábamos que sabíamos todo lo que había que saber, y estábamos tan rígidos en nuestras ideas que a nuestros amigos les era prácticamente imposible comunicarnos algo que no fuera lo que nosotros precisamente pensábamos.

La falta de disposición para aprender es siempre una barrera al progreso. Si una persona no puede aprender, ¿cómo ha de progresar? ¡Dios me libre de una actitud de reticencia hacia la instrucción! Resolver con humildad, por cualquier medio que sea y sin dilaciones, lo que Él quiere enseñarnos es la verdadera senda de progreso en la escuela de Cristo.

17 DE MARZO

Señor, abre mis labios y publicará mi boca tu alabanza
(Salmo 51:15).

Un himno debe contener sana verdad, forma y estructura poética
y además un toque de inspiración divina.

Este salmo que relata el arrepentimiento de David contiene sólida
verdad, y ha sido poéticamente construido. Además, al leerlo no
podemos menos que observar la profundidad del arrepentimiento
de David, pues nos presenta su realidad espiritual. De ahí que produce
una respuesta en nuestros espíritus.

Todo trabajo creativo para Dios debe tener un requerimiento
básico, y es que debe provocar una respuesta en nosotros. Debe
llevarnos a un contexto con la realidad divina. Un himno de
consagración debería incitarnos para que consagremos nuestras vidas
a Dios. Un himno de devoción debe despertar el corazón a la
adoración. Un himno de gratitud debe expresar nuestras gracias.
David vivió una vida real. Cuando estaba alegre saltaba de gozo,
pero cuando estaba triste sus labios se abrieron para publicar las
alabanzas del Señor.

18 DE MARZO

Sed hacedores de la palabra, y no tan solamente oidores
(Santiago 1:22).

En el libro de los Hechos de los Apóstoles encontramos
relativamente poca predicación. Su relato se centra principalmente
en las obras que los apóstoles realizaron bajo la dirección del Espíritu
Santo. Descubrimos cómo era Pedro, y ese relato es la Palabra de
Dios. Leemos cómo actuaba Pablo y eso también conforma parte
de la Palabra de Dios. Leemos acerca del comienzo de la iglesia en
Jerusalén, Samaria, Antioquía, y otras ciudades, y estos relatos no
son meros escritos históricos, sino que también son la Palabra de
Dios.

Los hombres proclaman la Palabra de Dios en la historia, pero
también la ponen por obra en la historia, y ese Espíritu Santo la
revela através de sus vidas. De manera que la Palabra de Dios está

llena del elemento humano. Esta es una de las características peculiares de la Biblia. La Biblia no es una colección de artículos devocionales sino el relato de hombres que están realizando o viviendo la Palabra de Dios.

19 DE MARZO

Airaos, pero no pequéis, no se ponga el sol sobre vuestro enojo (Efesios 4:26).

Por supuesto que airarse y pecar está siempre mal, ¡pero muchos de nosotros pensamos que la única manera de no pecar es por no enojarse! No sabemos cómo airarnos y, sin embargo, no pecar. Cuando Jesús limpió el templo las Escrituras dicen: «El celo de tu casa me consumió». Él estaba movido por la indignación. Muy pocos creyentes conocen esa conmoción interior controlada por el Espíritu que el Señor experimentó, y en consecuencia, no experimentan la autoridad espiritual que la acompañó.

Hay muchas cosas en el mundo que deben ser reprendidas, pero, ¿cuántos hay que saben administrar esa reprimenda? Hemos perdido el poder. Darle una palmada en la espalda a uno que ha procedido mal; cerrar los ojos a una mala acción sólo para mantener la amistad, son formas baratas de escapar a la realidad. Reprender pacientemente y con amor es algo muy costoso.

20 DE MARZO

Me seréis hijos e hijas, dice el Señor Todopoderoso (2 Corintios 6:18).

Dado que en Cristo no hay varón ni mujer (Gá. 3:28), puede sorprendernos el encontrar esta referencia particular a las hijas de Dios. Quizás la razón sea que el versículo se refiere a una relación personal muy íntima, que es la experiencia consoladora de aquellas que verdaderamente están separadas para Dios.

En el gobierno de la iglesia el varón y la mujer tienen sus respectivas posiciones, pero en la esfera espiritual no puede haber una posición particular para cada uno, pues «Cristo es el todo, y en

todos» (Col. 3:11). Pero en este asunto especialmente personal de
seguir al Señor, y aún quizá sufrir por causa suya, hay un consuelo
especial para cualquier mujer creyente al saber que es una hija amada
de su Padre celestial.

21 DE MARZO

Vi a Dios cara a cara, y fue librada mi alma (Génesis 32:30).

Dios emplea su luz para hacernos ver nuestra verdadera situación.
Esto nos lleva a doblar las rodillas. Tal como lo hizo con Jacob en
Peniel, en su misericordia Dios debe también llevarnos al mismo
lugar donde podamos apreciar cuál es la verdadera fuente y el
verdadero motivo de nuestra vida. Recordemos que Dios está
procediendo con lo que *realmente* somos por naturaleza. Allí, en la
luz de la presencia de Dios, aparecemos tal como somos; nada
podemos aparentar. La pretensión de aparentar algo no es
cristianismo. Quizá deseamos con intensidad ser distintos, pero sólo
somos lo que por naturaleza somos. Nada le obstaculiza más a Dios
que cuando aparentamos ser algo que realmente no somos.

Cuanto más «humildes» son algunas personas, más desearíamos
que actuaran con un poco de orgullo, pues esto le daría a Dios la
oportunidad de proseguir con su obra en sus vidas. La pretendida
apariencia nunca puede producir la transformación de nuestras vidas.
Sólo el toque divino puede realizarla. Si la obra la hago yo no me
elevará a nada. De ser natural sólo pasaré a ser antinatural, o artificial,
pero si la obra la realiza Dios, los cambios que Él efectúe tendrán
un propósito y dirección definitivos. Él comienza con un Jacob, y
concluye con un Israel.

22 DE MARZO

Los que os acordáis de Jehová, no reposéis, ni le deis tregua,
hasta que restablezca a Jerusalén, y la ponga por alabanza
en la tierra (Isaías 62:6, 7).

Cuando los hijos de Israel comenzaron a planear su éxodo de
Egipto, la reacción del Faraón fue duplicar su trabajo para que no

tuvieran tiempo de pensar más en ello. Cuando nosotros comenzamos a practicar una vida de oración más efectiva, Satanás atacará haciendo que estemos más ocupados que nunca con tareas y responsabilidades, de manera que no nos quede tiempo para la oración.

No debemos ser negligentes con nuestras responsabilidades, pero debemos poner la oración en primer lugar. En esta esfera, el principio del diezmo nos puede ayudar. Una vez que le hayamos dado a Dios una décima parte, descubriremos que podemos utilizar con mayor eficiencia las otras nueve décimas de nuestro tiempo. Démosle al Señor la porción que le corresponde, y posiblemente encontraremos que las otras nueve décimas son más efectivas que las diez que disponíamos antes de diezmar.

23 DE MARZO

Los espíritus de los profetas están sujetos a los profetas (1 Corintios 14:32).

Supongamos que un músico sea capaz de tocar tres instrumentos: el piano, el órgano y el violín, con la misma maestría. Puede tocar la misma pieza musical en cada uno de los instrumentos por turno, y dado que cada uno posee características particulares, cada actuación será una ejecución artística diferente. El artista y la música son los mismos, pero cada instrumento contribuirá con su singular tono, color y sentir.

Los siervos del Señor en el Nuevo Testamento se asemejan a estos tres instrumentos musicales. El mismo Evangelio de Jesucristo fue escrito por cuatro diferentes autores, dándonos un cuadro de Él en cuatro dimensiones. ¡Cómo enriquecen nuestro conocimiento de Él! Bajo el gobierno del Espíritu Santo este aporte de cada uno, lejos de oscurecer nuestra visión de la Palabra viviente de Dios, la intensifica e interpreta de una manera maravillosa. ¿Nos sorprende, entonces, que cada uno de nosotros al leer en la Biblia, encuentre a Cristo como la respuesta adecuada a nuestra propia situación personal?

24 DE MARZO

> *Entonces el rey se turbó, y subió a la sala de la puerta, y lloró* (2 Samuel 18:33).

Si bien Absalón era un rebelde no dejaba de ser hijo. Cuando Saúl murió en manos de los filisteos, David lloró la muerte de uno que había sido su rey legal, pero cuando Absalón fue muerto por Joab, David no halló consolación aun cuando el muerto era un traidor. La batalla se había peleado y la traición debía ser ajusticiada, pero el corazón de padre de David estaba lleno de dolor por la muerte de su hijo. El juicio había sido necesario, pero las lágrimas no pudieron contenerse.

El juicio que no va acompañado de lágrimas expone una seria deficiencia en el amor cristiano. Si hay condenación pero no hay tristeza, es porque hay un gran vacío en la familia de Dios. Condonar el mal no es correcto, pero es aún peor entretener un espíritu vengativo contra el que ha procedido mal. Por el contrario, se nos exhorta a perdonar «de todo corazón cada uno a su hermano sus ofensas» (Mt. 18:35).

25 DE MARZO

> *A fin de conocerle, y el poder de su resurrección* (Filipenses 3:10).

Cuando el Señor Jesús estuvo sobre la tierra las gentes le conocieron de distintas maneras. Algunos recibieron cosas de sus manos; otros se habían apoyado sobre su pecho; algunos tocaron el borde de sus vestiduras y a los otros le fueron lavados los pies por Él mismo. Hubo también quienes, conociéndole desde su niñez, podrían haber contado cómo le observaron crecer en sabiduría y en estatura durante sus primeros treinta años. Era todo muy familiar, y estaba al alcance de la mano.

Hoy Jesús ha resucitado, y le conocemos por el Espíritu Santo. El Señor a quien conocemos ahora, ha llegado a ser algo que aquellos que le tocaron o fueron tocados por Él, no podían en aquel tiempo conocer. Hoy nos encontramos con el Señor de la resurrección, Aquel que trasciende todas las esferas. La Iglesia ha continuado por dos mil años porque siempre hay personas que ven al Señor de la resurreccion.

26 DE MARZO

Aunque él me matare, en él esperaré (Job 13:15).

Lo que Dios espera de nosotros es que no hagamos de nuestro bienestar personal el propósito de nuestras vidas. Mientras corremos la carrera espiritual debemos proseguir ya sea que nos sintamos cómodos o no. Los resentimientos y las emociones no deben afectar nuestra actitud hacia Dios. La vida de fe es una vida que confía en Dios en toda circunstancia.

Es muy posible que sepamos en nuestros corazones que cierta cosa es la voluntad de Dios y, sin embargo, no sentir ningún entusiasmo hacia ella. Aun podemos sentirnos apoyados en espíritu mientras la realizamos, y más aun puede que el sentir de la presencia del Señor y su beneplácito estén ausentes. Es como si estuviéramos pasando por un oscuro y peligroso barranco con un enemigo que se opone a cada paso que damos. Las emociones nos hacen dudar cuando entramos en tales valles de sombras, pero la fe confía en Dios y le obedece aun cuando enfrenta a la muerte cara a cara.

27 DE MARZO

Por esto Dios les envía un poder engañoso, para que crean la mentirá (2 Tesalonicenses 2:11).

Este mundo es irreal. El rechazo de la verdad ha producido un estado de cosas tal, que los hombres viven engañados pensando que están en lo cierto. El que engaña deliberadamente no tolera que se le cuestione. Los engañados no se alteran pues su engaño se ha transformado en verdad para ellos.

Es terrible creer una mentira. Es malo creer las mentiras de los otros, pero peor aun es creer las propias mentiras. Gracias a Dios por su iluminación que puede con facilidad disipar toda oscuridad. No tenemos por qué temer al engaño si mantenemos «el amor de la verdad» (v. 10), por medio de la cual los hombres se salvan. El más grande de los errores está en huir de la luz de Dios, cerrando así nuestras mentes a Aquel que es la Verdad.

28 DE MARZO

> *Por tanto, nosotros todos, mirando a cara descubierta como en un espejo la gloria del Señor, somos transformados de gloria en gloria en la misma imagen, como por el Espíritu del Señor* (2 Corintios 3:18).

El Espíritu de Dios no sólo mora dentro de los hombres regenerados, sino que también trabaja incesantemente para modelarlo conforme a la imagen de Cristo. Hacemos mal en considerar al Espíritu como un honorable huésped, cuando en realidad ha estado viviendo en su casa por diez o veinte años. Él es el propietario-residente, construyendo, modelando y reformando hasta que las marcas de su hechura llegan a ser inconfundibles.

Cuando una casa ha estado ocupada por una persona por un cierto tiempo, comienzan a distinguirse su personalidad, sus gustos, sus placeres y sus logros, y con frecuencia observamos esto al entrar en la casa de alguien. De la misma manera, los frutos del Espíritu comienzan a evidenciarse donde Él está morando, mientras que las viejas marcas del creyente van cediendo paso a paso, para dar lugar a la imagen de Cristo. El hombre es transformado de gloria en gloria cuando el Señor, el Espíritu, está obrando.

29 DE MARZO

> *Estos son los que con corazón bueno y recto retienen la palabra oída, y dan fruto con perseverancia* (Lucas 8:15).

¿Cómo podemos reconciliar los requerimientos de Dios de un «corazón bueno y recto» con la afirmación de Jeremías 17:9 que dice: «Engañoso es el corazón más que todas las cosas...»? El sentido de la parábola del sembrador no es el de recibir la Palabra con un corazón perfectamente honesto a los ojos de Dios, sino un corazón que es honesto o sincero hacia Dios. Cualquiera que sea la condición de mi corazón, está dispuesto a acercarse a Dios con franqueza y sin ocultamiento. Es bien posible que un hombre con naturaleza engañosa se vuelva con franqueza a Dios.

Esto es lo que Dios busca en los hombres, y está de alguna manera asociado con las palabras de 2 Crónicas 16:9 donde dice que Jehová muestra «su poder a favor de los que tienen corazón perfecto para con él». La condición básica para la salvación de un pecador es crecer con esta franqueza de corazón hacia Dios. Dios sólo requiere del hombre que se acerque a Él en esta actitud. Cuando la buena semilla cae en esa área del corazón donde hay disposición de franqueza, aunque rodeada de mucho engaño, produce fruto.

30 DE MARZO

Maravillosos son tus testimonios; por tanto, los ha guardado mi alma (Salmo 119:129).

Hay algo en el Señor Jesús que representa más que su obra. Él mismo es un testimonio de la naturaleza de Dios. Él es el único que pudo decir: «Me complazco en hacer tu voluntad, oh Dios mío» (Sal. 40:8vm). Es por eso que Dios le confió a Él el desarrollo y la ejecución de su eterno propósito.

¿Cómo, pues, podemos dar testimonio? Poniendo al Señor Jesús en el lugar central y supremo. Por supuesto que Él será supremo en el reino de Dios que ha de venir, pero no debemos dejar todo a la espera de esa época venturosa. El fiel testigo del reino de Dios pone cuidado en dar a Cristo el lugar de supremacía aquí y ahora.

31 DE MARZO

Los que hemos muerto al pasado, ¿cómo vwiremos aún en él? (Romanos 6:2).

Cuidemos de no separar en dos la muerte del Señor Jesús como sustituto, por una parte, y nuestra muerte con Él, por otra. Los que encuentran placer en discriminaciones intelectuales tienden a confundirnos en este asunto, pero en la esfera espiritual estos dos aspectos se fusionan en uno. Su muerte substitutoria por nuestros pecados, y nuestra muerte con Él al pecado y al yo, deben ser

distinguidas pero nunca separadas. Pablo afirma claramente aquí
en Romanos que aquellos que creen en la muerte del Señor Jesús
como un medio de salvación ya han muerto al pecado.

¡La paga por mi pecado es la muerte! El Señor Jesús sufrió esta
muerte por mí y por lo tanto yo he muerto en Él. De otra manera no
puede haber salvación. Decir que Cristo murió por mí equivale a
decir que yo ya he sufrido la pena por el pecado, y he muerto con
Él. Todo aquel que se apropia de esta realidad experimentará su
poder de liberación del pecado y del ego en su diario vivir.

1 DE ABRIL

Chismosas y entremetidas, hablando lo que no debieran (1
Timoteo 5:13).

Varios aspectos de esta forma de conversación merecen nuestra
atención. En primer lugar, debemos considerar el tipo de
conversación que nos agrada escuchar. De esta manera podemos
conocernos mejor a nosotros mismos. ¿Hay personas que vienen a
nosotros porque saben que pueden descargar todos los chismes del
día en nuestros oídos? La clase de conversación que nos produce
placeres indica la clase de persona que somos. En segundo lugar,
debemos observar a qué clase de cuento damos credibilidad.
Generalmente somos más crédulos en una dirección que en otras, y
nuestra credulidad expone nuestra innata debilidad. ¿Somos
propensos a creer con facilidad las calumnias de los chismosos?
Esas personas presentan con naturalidad la oferta donde existe
demanda ¿Les demostramos que no nos agrada ni interesa?

Pero son aquella personas que necesitan nuestra ayuda la que
realmente nos ponen a prueba. ¿Encuentran dichas personas que
pueden confiarnos sus problema más íntimos y que responderemos
con comprensión, con entendimiento y con un consejo sabio?
¿Somos lo suficientemente sensibles y vivimos lo suficientemente
cerca de Dios, para poder hacerlo?

2 DE ABRIL

Su corazón está firme, confiado en Jehová. Asegurado está su corazón (Salmo 112:7, 8).

Desde el principio hasta el fin la vida cristiana es una travesía de fe. Por medio de ella entramos a la posesión de una nueva vida, y por medio de ella caminamos en esa nueva vida. Vivimos por fe y no por gozo. El gozo es maravilloso pero alimenta nuestra sensaciones y nos incita a buscar la cosas de arriba sólo en tiempos de excitación. Si nuestros sentimientos felices cesan, nuestro interés mengua. Este no es el camino de la fe.

Nuestros sentimientos son siempre cambiantes. Dios es el mismo Dios todos los días, ya sea que el tiempo esté nublado o soleado. ¿Estamos confiando en nuestros oscilantes sentimientos o está anclada nuestra fe en el único ser inmutable?

3 DE ABRIL

Que habite Cristo por la fe en vuestros corazones (Efesios 3:17).

La vida del creyente tiene una semejanza con el antiguo tabernáculo de Dios. En él, el atrio es un lugar de intensa actividad, mientras que el interior del santuario es un lugar de quietud. Para preparar los muchos sacrificios era necesaria la actividad de un gran número de levitas que llenaban el atrio de la mañana hasta el atardecer. En el lugar santísimo no había un solo hombre. Las cortinas de acceso al atrio constantemente se abrían para permitir la entrada o salida de las personas. El velo del lugar santísimo pendía quieto, intacto, pues nadie podía entrar allí. Afuera los movimientos y los ruidos evidenciaban el intenso servicio ritual. En el interior todo era quietud.

Así es la vida cristiana. Exteriormente podemos estar en contacto constante con las personas y, sin embargo, en nuestro interior permanecer imperturbables. La actividad exterior no tiene por qué provocar inquietud interior. Al vivir delante de Dios en constante comunión espiritual tendremos todo lo que es necesario para hacer frente a la ocupación exterior de servir a los hombres que le buscan y necesitan.

4 DE ABRIL

> *¿Dónde pues está la jactancia? Queda excluida* (Romanos 3:27).

El llamado de Dios a Abraham se comprende mejor cuando se lo considera dentro de su correcto fondo histórico. Las naciones de alrededor no sólo habían olvidado a Dios, sino que se habían entregado a la idolatría. El mundo entero adoraba a dioses falsos, y la familia de Abraham no constituía una excepción. En este aspecto, Abraham fue muy distinto de Abel, Enoc, y Noé quienes parecen haber sido hombres de carácter muy distinto de todos los que los rodeaban. Se destacaron haciendo frente a la corriente de la época y negándose a ser arrastrados por ella. No fue así el caso de Abraham. Él no se distinguía de quienes lo rodeaban. Si ellos eran idólatras, él también lo era.

Sin embargo, Dios lo eligió. Es evidente que el motivo de esta elección no radicaba en el carácter de Abraham sino en Dios mismo. Si Abraham no hubiera sido igual que sus contemporáneos, al mirar hacia atrás se podría haber jactado por ser diferente. Él era uno de ellos. Al igual que contigo y conmigo la razón está en Dios y no en el hombre. De manera que preguntamos: ¿A quién pertenece la gloria?

5 DE ABRIL

> *¿Qué tienes que no hayas recibido? Y si lo recibiste, ¿por qué te glorías...?* (1 Corintios 4:7).

Cuando el Señor Jesús entró en Jerusalén montado sobre un asno, las multitudes gritaron su aclamación. Supongamos por un instante que el pollino de asna al oír los gritos de hosana y las aclamaciones, y al ver las ramas de palmera debajo de sus patas se diera vuelta y le preguntara al Señor: «¿Estas aclamaciones son para ti o para mí?» O si dirigiéndose a la asna madre le dijera: «A mí me eligieron para esta tarea de manera que yo soy más importante que tú». Sería evidente que el pollino no había reconocido quién era el que lo montaba.

Muchos de nosotros, siervos del Señor, somos igualmente necios.

La elección soberana de Dios respecto a quien Él va a utilizar, no refleja absolutamente ningún crédito para nosotros. Sólo Él a quien servimos debe ser alabado. Los gritos de hosana jamás han de ser para nosotros, ni tampoco las palmas aunque aparezcan debajo de nuestros pies. Y para los necios que dicen: «Mejor soy yo que tú» un día despertarán a la verdad y quedarán absolutamente avergonzados de sí mismos.

6 DE ABRIL

El mundo pasa, y sus deseos; pero el que hace la voluntad de Dios permanece para siempre (1 Juan 2:17).

Nuestra liberación del mundo no comienza con dejar esto o aquello, sino viendo, como por los ojos de Dios, que es un mundo que está bajo sentencia de muerte. No tiene futuro. Supongamos que el gobierno decide clausurar un banco. ¿Te apurarías a depositar grandes sumas de dinero para evitar su colapso? ¡No! Ni un centavo más invertiríamos allí una vez que nos enteramos de su inminente bancarrota. De la misma manera podemos decir del mundo que está bajo decreto de clausura.

Babilonia, figura impresionante de poder mundial, cayó cuando sus campeones hicieron guerra con el Cordero, y cuando Él, que es Rey de reyes y Señor de señores, los venció por su muerte y resurrección (Ap. 17:14). No hay futuro para ella. Nosotros seguimos viviendo en el mundo y utilizando las cosas del mundo, pero no podemos construir un futuro con ellas, pues todo lo que hay en este mundo está bajo sentencia de destrucción.

7 DE ABRIL

Jesús le dijo: De cierto te digo que hoy estarás conmigo en el paraíso (Lucas 23:43).

Supongamos que este malhechor que fue crucificado al lado de Cristo hubiera vivido después de creer en el Señor. Supongamos que hubiera podido descender de la cruz y vivir por varias décadas más. Supongamos también que durante esas décadas sus trabajos para el Señor superaran diez veces las tareas que realizó San Pablo, que su amor fuera diez veces mayor que el de San Juan, y que hubiera conducido diez veces más personas a Cristo de lo que hizo San Pedro. ¿Hubiera significado una diferencia para él el llegar al cielo después de todas estas actividades, en lugar de haberlo hecho en el mismo día en que fue crucificado? ¿Hubiera sido más digno de su lugar en el cielo después de todos esos años?

Todos los que han gustado la gracia de Dios saben que no hubiera sido ni un ápice más digno de lo que fue cuando entró en el paraíso aquel día de su crucifixión. La calificación para entrar en el cielo está dada por las palabras de Jesús: «Consumado es.» Nadie puede agregar algo a su obra redentora.

8 DE ABRIL

Ninguna cosa hay en mis tesoros que no las haya mostrado (Isaías 39:4).

Ezequías era el próspero rey de un pequeño pero histórico país. El rey de Babilonia era el gobernante de un gran país que surgía. Sus felicitaciones a Ezequías por su milagrosa recuperación de la enfermedad que lo aquejaba parecían genuinas. Ezequías sintió que su estatura se había elevado ya que se estaba vinculando con los grandes. Con su vanidad inflada se traicionó a sí mismo exponiendo neciamente todos sus tesoros.

Al igual que él, todos nos sentimos muy felices cuando se nos presta especial atención, ya sea de parte de Dios o de los hombres. Si un alma es salvada, nos sentimos involucrados, y si alguien es ayudado por algo que hemos dicho, nos sentimos adulados y comenzamos a exponer los tesoros de Dios, relatando todos los pormenores del caso. Sin embargo, Dios, por medio de su profeta, le hizo saber a Ezequías que su comportamiento le conduciría a una gran pérdida. Procuremos, más bien, obtener la gracia, para permanecer en silencio delante de Él.

9 DE ABRIL

Habrá un justo que gobierne entre los hombres, que gobierne en el temor de Dios (2 Samuel 23:3).

Con frecuencia las Escrituras denominan a David el «rey David», porque era un verdadero rey en título y en espíritu. Era rey de corazón. Cuando un gigante amenazó a Israel Saúl tembló, al igual que todo el pueblo. Sólo David permaneció impávido. No había temor en su corazón.

El secreto estaba en que David temía a Dios. Saúl se llenó de envidia contra él, lo persiguió y le obligó a exilarse. Luego, por lo menos en dos ocasiones, David tuvo la oportunidad de quitarle la vida. Sin embargo, si no tenía mandamiento de parte de Dios, no levantaría ni un dedo para dañar a su opresor. Quien no pueda controlar su propio espíritu, no puede ser rey. Un verdadero rey lo será en toda circunstancia; reina por doquier.

10 DE ABRIL

Los siete candeleros ... son las siete iglesias (Apocalipsis 1:20).

En Apocalipsis 2 y 3 se nos describe al Hijo del hombre moviéndose entre los candeleros, y afirmando la responsabilidad de cada uno para consigo mismo. Nuestros ojos, siguiendo la mirada de los suyos, detectan rápidamente los fracasos de las iglesias. ¿Hemos observado que en ningún caso Juan discrimina entre las iglesias que están bien y las que están mal? A pesar de todas sus faltas, él las describe como el Señor aún las ve, a saber: «siete candeleros de oro», siete luces que son totalmente de oro.

Lo que Dios está haciendo a través de los hombres es eterno; no tan sólo algo para veinte o treinta años. Dios mismo abandonará lo que tiene en mente por la misma razón de que Él nunca cambia. Una persona que no puede adquirir perlas genuinas compra perlas de pasta, y las usa sabiendo que son de imitación, pero para la persona que posee perlas genuinas, no hay tal cosa como perlas de imitación. Para ella no hay perlas genuinas y perlas falsas. Sólo existen perlas.

11 DE ABRIL

> *Le puso por nombre Moisés, diciendo: Porque de las aguas*
> *lo saqué* (Éxodo 2:10).

Si Moisés no hubiera sido sacado de las aguas, Israel hubiera permanecido en la esclavitud. Tuvo su éxodo de la muerte en el río Nilo que hizo posible el éxodo posterior de Israel de Egipto. Al vencer sobre Egipto por el hecho de no haber estado bajo su esclavitud, llegó a ser el instrumento de Dios para la liberación de su pueblo del rey de Egipto.

En este sentido es una hermosa figura de Cristo, nuestro Redentor, quien voluntariamente se identificó a sí mismo con nosotros al punto de hacerse uno de nuestra raza y que, sin embargo, nunca conoció la servidumbre a Satanás o al mundo. Por su éxodo de la muerte ha hecho posible nuestro éxodo de la esclavitud al pasado. Es Él mismo quien nos conduce en nuestro camino de peregrinos hasta la herencia preparada por Dios.

12 DE ABRIL

> *La unción que vosotros recibisteis de él permanece en*
> *vosotros ... la unción misma os enseña todas las cosas*
> (1 Juan 2:27).

La unción del Espíritu es el don de Dios a todo bebé en Cristo. Cuando recibimos a Cristo como cabeza recibimos la unción. La ausencia de ella sería, ni más ni menos, evidencia de que aún no estamos unidos a Él.

Juan nos muestra esta unción como algo interior que transmite, aun a los recién nacidos espiritualmente, la enseñanza de las Escrituras referente a «todas las cosas». Aquí radica la sencillez de la vida de los hijos de Dios. No hay necesidad para tanta investigación. Desobediencia a esta unción de inmediato nos dará un mal sentir delante del Señor, mientras que la obediencia y la mente del Espíritu serán vida y paz en nuestro interior. No se trata de sentimientos o de comparaciones, sino de una consulta a Dios: «¿El Espíritu da testimonio de vida? ¿Nos asegura de la aprobación del Padre en el paso que estoy a punto de dar?» Esta es la única prueba segura.

13 DE ABRIL

Estáis en nuestro corazón, para morir y para vivir juntamente (2 Corintios 7:3).

Pablo era una persona que se involucraba totalmente en las palabras que escribía. En una crisis moral tal como la que tuvo que afrontar en Corinto, no podía tan sólo escribir una carta a la ligera. Lo que escribió fue algo que salió dolorosamente de su corazón y que fue regado con lágrimas. No era uno que escribía en una lengua extraña con palabras cuyo significado no estaban ligadas a los pensamientos de su corazón.

Siempre habrá algún grado de elemento humano en nuestra obra para el Señor, ya sea en aconsejar o en predicar la Palabra. A no ser que el consejo que damos, o la palabra que predicamos nos cause verdadero gozo o verdadera angustia de corazón, sea cual fuere el caso, seríamos como una máquina de dictar, primero grabando minuciosamente cada palabra y luego haciéndola oír. No, Dios se deleita en emplear hombres y mujeres ordinarios y sensibles como sus mensajeros.

14 DE ABRIL

Buscad, pues, hermanos, de entre vosotros a siete varones de buen testimonio, llenos del Espíritu Santo y de sabiduría, a quienes encarguemos de este trabajo (Hechos 6:3).

La Iglesia estaba pasando por una contingencia que la condujo a instituir un programa de ayuda para los santos más pobres. Esa urgente institución de servicio social fue claramente bendecida por Dios, pero sólo era de naturaleza temporaria. Alguien exclamará: «¡Qué bueno hubiera sido si esto continuara!» Sólo uno que no conocía a Dios diría esto. Si esas medidas de alivio se hubieran prolongado indefinidamente, con toda seguridad hubieran virado en la dirección de intereses egoístas, una vez que la influencia espiritual que obró en su inicio se debilitara. Hubiera sido algo inevitable.

Cuando las cosas materiales están bajo control espiritual, cumplen con el rol subordinado. Liberadas de esa restricción rápidamente gravitan hacia normas y objetivos mundanos. La Iglesia de Dios, sin embargo, es diferente. Nunca cesa de depender de la vida de Dios para su sustento.

15 DE ABRIL

Por ellos yo me santifico a mí mismo, para que también ellos sean santificados en la verdad (Juan 17:19).

Como el Hijo impecable de Dios, Jesús disfrutó de una libertad que excede a toda libertad que nosotros podamos disfrutar aquí en la tierra. Hay muchas cosas que no podemos hacer o decir porque estamos tan llenos de defectos y contaminación, pero jamás lo fue así con el Señor. Sin embargo, no obstante su perfección, Él deliberadamente dejó de hacer muchas cosas que hubieran sido perfectamente legítimas: de hablar y decir muchas cosas que podría legítimamente haber dicho; y de tomar muchas actitudes que podría justificadamente haber adoptado. Estas fueron algunas de las maneras en que Cristo se «santificó» a sí mismo, frenándose de mucho que era legal precisamente a causa de sus discípulos.

Lo que significa este versículo es que la santidad no está referida meramente a su propia santidad, sino a la nuestra. Por causa de nosotros aceptó limitaciones. La respuesta a la santidad no es pecado sino más bien lo que es corrientemente aceptable a todos. Santidad significa «otros pueden hacer algo pero en este instante por lo menos, yo no lo puedo hacer». Santificamos a nosotros mismos significa aceptar restricciones que Dios pone sobre nuestros espíritus. Al igual que con el Señor Jesús, con frecuencia éstas pueden ser para el beneficio de otros.

16 DE ABRIL

Estableció los límites de los pueblos según el número de los hijos de Israel (Deuteronomio 32:8).

Durante los siglos en que la China era un país poderoso no había oportunidad para el progreso del evangelio. Luego, siguió un período de aproximadamente cien años de debilidad. En su sabiduría Dios ordenó esta situación para la edificación de la Iglesia. Él estaba abriendo una puerta para que muchos chinos encontraran a Cristo. La pregunta que se impone con relación a las naciones y los eventos inmediatos siempre debe ser: «¿Cómo afecta a la Iglesia de Dios?» En consecuencia la dirección de todas nuestras oraciones con respecto a los gobiernos de este mundo no debe ser la de orar a favor o en contra de una nación dada, ya sea en cuestiones de política o de guerra, sino que se haga la voluntad de Dios.

Si toda la historia está ligada al testimonio del Señor, significa que debemos saber orar. Cristianos alemanes, japoneses, británicos y chinos debieran poder arrodillarse, orar y juntos decir: «Amén».* Nuestra plegaria unida a Dios debe ser que se concreten los eventos que produzcan avances para el testimonio de su Hijo.

17 DE ABRIL

A los discípulos se les llamó cristianos por primera vez en Antioquía (Hechos 11:26).

La Biblia emplea el nombre «cristiano» para referirse a uno que es de Cristo, pero nunca habla acerca de personas «Jesusianas» o «personas de Jesús». Jesús es un nombre personal mientras que Cristo además de ser personal, es inclusivo. El cristiano es parte de Cristo, un miembro del cuerpo en el que Cristo es la cabeza (1 Co. 12:12). Nosotros nos regocijamos en llamarnos cristianos.

El nombre de Jesús se aplica esencialmente al Hijo del hombre en cuanto a su experiencia en la tierra. Mientras Él vivió aquí en la tierra demostró ser singular entre todos los hombres, en cuanto a virtud y hermosura de carácter. Nadie podría acercarse a Cristo, y nadie podría ser unido a Él, como Hijo del hombre. Pero el significado de Jesús es también «Salvador». Él descendió para salvarnos de nuestros pecados, y si bien nunca podemos estar unidos a Él en su obra salvífica, por su muerte y resurrección nos ha levantado a una unión consigo como el Cristo exaltado en el trono.

---

*Es una referencia a la Segunda Guerra Mundial (Nota de los editores).

18 DE ABRIL

Mas los sacerdotes levitas ... se acercarán para ministrar ante mí (Ezequiel 44:15).

Una condición básica para todo lo que realmente puede llamarse ministerio al Señor, es que nos acercamos a Dios. Él desea nuestra adoración, y sin embargo, ¡cuán difícil nos es llegar hasta su presencia! Nos achicamos ante la soledad, y aun cuando logramos apartarnos físicamente para estar solos y lejos de las cosas exteriores, nos encontramos con que nuestros pensamientos divagan y se vuelven hacia el mundo que nos rodea,

Muchos pueden disfrutar del trabajo con otros en el atrio exterior, pero ¿cuántos de nosotros invertimos tiempo para acercarnos a Dios en el lugar santo? El entrar a su presencia y esperar en Él demanda toda nuestra determinación, y aun significa que tendremos que ser drásticos con nosotros mismos. Permítanme hablar con mucha franqueza. Es imposible permanecer a cierta distancia, y al mismo tiempo ministrarle a Él. No se puede servir a Dios a la distancia. En el atrio tomamos contacto con otras personas, pero en el lugar santo nos acercamos a Dios. Acércate. Es tu privilegio.

19 DE ABRIL

Cristo, habiendo resucitado de los muertos, ya no muere; la muerte no se enseñorea más de él (Romanos 6:9).

La resurrección del Señor Jesús es distinta de la de otras personas mencionadas en la Biblia. Por ejemplo, cuando Él llamó a Lázaro a que saliera de la tumba sólo lo restauró a la condición que tenía en vida antes de morir. Todavía estaba atado con las mortajas, y hasta que no fue desligado de ellas no podía caminar libremente.

Cuando Pedro y Juan corrieron hacia la tumba de Jesús y entraron, vieron los lienzos mortuorios y el sudario enrollado en un lugar aparte, sin el cuerpo de Jesús. En contraste con la experiencia de Lázaro el Señor salió libremente de las ataduras del ropaje mortuorio. Nada, absolutamente nada, podría ya restringir su acción. Antes de su resurrección Cristo también estaba sujeto a limitaciones humanas. Después de ella actuó en completa libertad. La muerte no lo pudo detener. Ya resucitado nada lo puede detener.

20 DE ABRIL

Jesucristo es el mismo ayer, y hoy, y por los siglos (Hebreos 13:8).

Hay una característica notable en la realidad espiritual y es que el tiempo no le hace marcas. El instante en que tocamos esa realidad el factor tiempo se desvanece. Tomemos, por ejemplo, la profecía. Desde el punto de vista humano la profecía existe, pero desde el punto de vista divino tal cosa no existe.

Nuestro Señor dice que Él es el Primero y el Postrero; el Alfa y la Omega. Sin embargo, recordemos que es ambas cosas al mismo tiempo. No se trata de que haya sido el Principio en el pasado y será el Fin en el futuro, sino que Él es ambas cosas simultáneamente. No ha sido Alfa por un tiempo y luego se transformará en Omega. Él es el Alfa y la Omega desde la eternidad y hasta la eternidad.

Por supuesto que a la vista humana no es la Omega hasta que se manifieste como tal, pero a la vista de Dios es la Omega ahora. Para mí el «yo» de ayer difiere del «yo» de hoy, y el «yo» de hoy difiere del «yo» de mañana. Jesucristo es el eterno «Yo soy».

21 DE ABRIL

El gozo de Jehová es vuestra fortaleza (Nehemías 8:10).

La peor clase de vida que podemos vivir es aquella que podemos llamar de «reacciones», en la cual estamos afectados permanentemente por las personas y las experiencias que nos rodean. Cuando nosotros hablamos y alguien responde cálidamente a nuestras palabras, entonces estamos llenos de gozo, pero cuando nuestro mensaje no es bien recibido sentimos todo lo opuesto. Si somos afectados por las circunstancias con tanta facilidad, inevitablemente estaremos viviendo una vida de altibajos. No quisiera ser mal entendido; es natural sentir las cosas profundamente, pero aquel que es gobernado por tales sentimientos siempre estará carente de fuerza divina.

Cuando perdemos el gozo nuestra fuerza se disipa. Cuando el Señor Jesús estaba sobre la tierra su gozo nunca se apoyó en el aparente éxito de su misión. En efecto, su gozo nunca pudo ser atribuido a algo exterior sino sólo a su firme perseverancia en cumplir con la voluntad del Padre «el gozo puesto delante de él» (He. 12:2). Gracias a Dios nosotros no tenemos que tratar de copiar a Jesús sino sólo mantener la vista fija en su meta. Su gozo es el nuestro por el Espíritu Santo.

22 DE ABRIL

Estas cosas os he hablado, para que mi gozo esté en vosotros, y vuestro gozo sea cumplido (Juan 15:11).

(Extracto de la última carta de T.S. Nee fechada el 22 de abril de 1972, a los 69 años de edad y después de veinte años de encarcelamiento.)

Tú conoces mi condición física. Es una enfermedad crónica que siempre está conmigo. Cuando me ataca me produce dolor. Aun cuando está inactiva, siempre está allí. No hay posibilidad de recuperación. Durante el verano el sol puede darle algo de color a mi piel, pero no puede curar mi enfermedad. Sin embargo, retengo el gozo en mi corazón.

Por favor, no te preocupes por mí. ¡Te pido que te cuides y que estés lleno de gozo! Bendiciones.

23 DE ABRIL

Los cuales no son engendrados ... de voluntad de carne, ni de voluntad de varón, sino de Dios (Juan 1:13).

La frase que se repite varias veces en Génesis capítulo 1 y que dice: «según su género» o «por sus especies», representa a una ley de reproducción que gobierna toda la esfera de la naturaleza biológica. Sin embargo, no gobierna la esfera espiritual. Padres humanos pueden engendrar, generación tras generación, hijos según «su especie», pero hay una cosa que es bien cierta: ¡Cristianos no pueden engendrar cristianos! Ni siquiera cuando ambos cónyuges son creyentes habrá garantías de que los hijos que engendren serán automáticamente creyentes. No, ni siquiera en la primera generación.

Lo que es nacido de la carne, carne es; y lo que es nacido del Espíritu, espíritu es. Se requiere un nuevo acto de Dios cada vez para producir a un ser que será verdaderamente hijo suyo.

24 DE ABRIL

Honra a tu padre y a tu madre, que es el primer mandamiento con promesa (Efesios 6:2).

Cuando yo era un joven estudiante, Dios me mostró que debía aprovechar unas vacaciones para viajar a una isla que estaba infestada de piratas, para predicarles el evangelio. Visité la isla y encontré que las personas estaban dispuestas a oír el mensaje, de manera que después de ciertas dificultades, alquilé una casa allí. En todo este tiempo mis padres no habían presentado ninguna oposición a mis planes, pero cinco días antes de partir, en forma repentina, me lo prohibieron. ¿Qué debía hacer? La voluntad de Dios ardía dentro de mí, pero mis padres, ambos temerosos de Dios, dijeron que no. Yo era todavía un estudiante. Busqué dirección del Señor, y aunque profundamente dolido, pensé que debía someterme a mis padres.

A su tiempo Dios abrió las puertas para que pudiera viajar a la isla, y su voluntad de que aquellas almas se salvaran se realizó de una manera maravillosa. Esta experiencia me enseñó una lección muy importante. Si algo está escrito en la Palabra de Dios, no nos atrevamos a ignorarlo. Debemos someternos.

25 DE ABRIL

El oído que oye, y el ojo que ve, ambas cosas igualmente ha hecho Jehová (Proverbios 20:12).

¡Lamentablemente muy pocos creyentes son buenos oidores! Si hemos de desarrollar oídos que oyen será necesario que nos impongamos una drástica disciplina. Nuestros oídos deben ser capacitados para oír. Con frecuencia damos escasa atención a lo que alguien quiere decirnos porque estamos tan posesionados de la importancia de lo que queremos comunicarle nosotros. Estamos ávidamente esperando la oportunidad para interrumpir y asumir nuevamente el rol de oradores, naturalmente dando por sentado que con mansedumbre ellos aceptarán el rol de oidores.

No pensemos que éste es un asunto de poca importancia. Si no aprendemos a escuchar y a comprender lo que se nos dice, podremos llegar a ser predicadores bíblicos sobresalientes, pero seremos inútiles en la tarea de ayudar a las personas a resolver sus dificultades prácticas. Hay muchas más oportunidades donde es necesario aprender a utilizar nuestros oídos antes que abrir nuestras bocas.

26 DE ABRIL

Teniendo diferentes dones, según la gracia que nos es dada ... dediquémonos a nuestro ministerio (Romanos 12:6ss).*

El llamado de Dios es un llamado definido. Su objetivo es siempre preciso, nunca vago o ambiguo. Por esto quiero señalar que cuando Dios nos encomienda un ministerio, lo hace no meramente para ocuparnos en su servicio, sino siempre para lograr por medio de cada uno de nosotros algo definido en la concreción de una meta. Es bien cierto que existe una *comisión general* para su Iglesia y consiste en hacer «discípulos a todas las naciones», pero para cada uno de nosotros, de manera individual, el encargo de Dios representa y siempre representará, una *misión personal*.

De lo dicho se desprende que dado que Dios no llama a todos sus siervos a hacer tareas idénticas, tampoco emplea los mismos medios para su capacitación. Como el Dios que realiza diversas operaciones (1 Co. 12:6), Él se reserva el derecho de emplear medios particulares para la disciplina o el entrenamiento, y a menudo también agrega la prueba del sufrimiento para lograr su fin. Dios sabe perfectamente lo que está haciendo contigo.

---

*Resumen de los versículos 6–8.

27 DE ABRIL

Aquel que es poderoso para hacer todas las cosas mucho más abundantemente de lo que pedimos o entendemos, según el poder que actúa en nosotros (Efesios 3:20).

Por los siglos de los siglos la gloria de Dios estará «en la iglesia en Cristo Jesús» (v. 21). Pero en el tiempo presente la gloria de Dios, en el ejercicio de ese sobresaliente poder, está ligada a la Iglesia, pues en este pasaje se la mide «según el poder que actúa en nosotros».

De manera que su pueblo es el canal por el cual pasa el poder de Dios. Lo que Dios quiso realizar ahora en el tiempo está condicionado a los límites impuestos por nuestra cooperación. ¿No es de vital importancia, entonces, que activemos el ministerio de la oración? El propósito de Dios aquí en Shanghai y en toda la China, más aun en todo el mundo, depende del ministerio de oración de la Iglesia hoy. Jesús dijo: «Pedid y recibiréis». Si le fallamos a Dios en esta tarea tan sencilla, ¿de qué le servimos a Dios?

28 DE ABRIL

¿Por qué me preguntas por mi nombre? Y lo bendio allí (Génesis 32:29).

Después de su lucha en Jaboc (v. 22), Jacob quiso saber quién había luchado con él, pero no se le dijo. Jacob no sabía quién era el «luchador» cuando vino y tampoco lo supo cuando se fue. ¡Sólo supo que su nombre había cambiado, y que cojeaba! Este es el único lugar en las Escrituras en que Dios se niega a revelar su nombre a uno de sus siervos.

Aquellos que han sido «tocados» por Dios, no saben exactamente lo que les ha ocurrido. Es por ello que el «toque» de Dios es tan difícil de definir, y esto es probablemente porque Dios no quiere que estemos a la espera de una cierta experiencia. Si así lo hacemos no la recibiremos. Dios quiere que nuestros ojos estén fijos en Él y no en experiencias. Jacob sólo supo que alguien lo había «tocado» en el muslo y que ahora cojeaba. La renguera era la evidencia. Cuando Dios realiza su obra en nosotros a su manera, el resultado será evidente en nosotros y no habrá necesidad de hablar acerca de ello.

29 DE ABRIL

Para mí el vivir es Cristo (Filipenses 1:21).

En la tarde del 29 de abril de 1920 estaba solo en mi habitación, luchando para decidir si creería en el Señor. Al principio me sentía reticente, pero al tratar de orar vi la multitud de mis pecados y la eficacia de Jesús como Salvador. Al contemplar sus manos extendidas en la cruz parecían darme la bienvenida y sentí como si Él me decía: «Estoy esperando aquí para recibirte». Reconociendo la eficacia de su sangre para limpiar mis pecados, y sintiéndome arrollado por tal amor, lo acepté allí mismo.

Antes me reía de personas que habían aceptado a Jesús, pero esa tarde la experiencia fue una realidad para mí. Lloré y confesé mis pecados buscando el perdón del Señor. Al hacer mi primera oración conocí la paz y el gozo como nunca antes. La luz parecía inundar la habitación y dije: «¡Oh Señor, realmente has tenido misericordia conmigo!»

30 DE ABRIL

Os digo que éste descendió a su casa justificado (Lucas 18:14).

A lo sumo, el publicano podía rogar por su perdón. Dios oyó su oración pero le dio mucho más de lo que había pedido, pues Jesús dice que volvió a su casa «justificado». ¿Hemos pensado en qué manera sobrepasó esto las expectativas del publicano? Él pidió misericordia porque jamás había soñado en justificación. Pero Dios dijo que estaba justificado. Esto significa que su posición era como la de uno que nunca había pecado. No sólo había dejado de ser pecador, había sido declarado justo.

La salvación que Dios realiza no está relacionada con nuestra medida limitada, sino con la medida de Dios. El hombre tiene sus pequeñas ideas acerca de cómo Dios debe obrar a su favor, pero a

Dios le agrada oír su clamor y responder a sus oraciones. Lo que Él hace armoniza con su propia disposición de generso dispensador de favores inmerecidos. ¡Alabémosle!

1 DE MAYO

Despojando a los principados y a las potestades, los exhibió públicamente (Colosenses 2:15).

¿Cómo hizo Jesús para avergonzar a Satanás? Sacudió de sí los poderes del mal al resucitar de los muertos. Resurrección habla de una esfera que está más allá del alcance de la muerte. Los hombres mueren al igual que los animales y las plantas. Todas las cosas vivientes están sujetas a la muerte. No hay excepción ya que la muerte se ha extendido como una red sobre todo el mundo. Ha entrado en todo ser viviente. Sin embargo, hay un Hombre que salió de la muerte porque la muerte no lo podía retener.

La vida que recibimos al nacer de nuevo es esta vida de resurrección. Esta vida no tiene relación alguna con Satanás. Recordemos siempre que los ataques que nos lanza nunca pueden ser peores que los ataques que descargó sobre el Señor en la cruz. Allí puso en juego todos los poderes pero de nada le sirvieron. Fue vencido y desde entonces no es más que un enemigo derrotado. Damos gracias a Dios porque nos ha dado la victoria en Cristo.

2 DE MAYO

Habló precipitadamente con sus labios (Salmo 106:33).

Después de más de treinta años de gustar y comprobar la fidelidad de Dios en el desierto, el pueblo de Israel seguía en rebeldía y estaba pronto a acusar a Moisés y Aarón por la falta de agua. Por su parte, Dios estaba ya dispuesto a suplir esta nueva necesidad y le ordenó a su siervo que tomara su vara y le hablara a la roca para que de ella brotara el agua. Moisés tomó la vara pero estaba tan alterado por las injustas acusaciones del pueblo que les habló con ira y luego hirió a la peña dos veces. Él se equivocó, pero sin embargo, el agua fluyó abundantemente de la roca.

Por esta conducta Dios reprendió a su siervo. Es como si Dios le hubiera dicho: «Yo vi que mi pueblo estaba con sed y estaba ya listo para darles agua. ¿Por qué te airaste con ellos?» Es evidente que Moisés había trasmitido al pueblo la impresión de Dios como un Dios feroz, sin misericordia. Seamos advertidos por este incidente, y no involucremos a Dios en nuestro fracaso, dando a otros la idea que las actitudes negativas provienen de Él.

3 DE MAYO

Ni plata ni oro ni vestido de nadie he codiciado (Hechos 20:38).

Pablo no firmó ningún contrato con la iglesia de Éfeso, o de cualquier otra parte, por medio del cual él recibiría una remuneración por un período dado de servicio. No hay antecedente alguno en las Escrituras para que los siervos de Dios confíen en los recursos humanos para sus necesidades. Sí, leemos de un tal Balaam que buscó lucrar con su don de profecía, pero las Escrituras lo denunciaron en términos bien precisos. Leemos también de un tal Giezi que buscó sacar ventajas personales de la gracia de Dios, pero a causa de este fracaso fue herido con lepra.

Ningún siervo de Dios debiera mirar a agencias humanas para suplir sus necesidades temporales. Si estas pueden ser suplidas por su trabajo personal, sería muy bueno. De otra manera, deberá depender solamente del Señor para su sostén.

4 DE MAYO

Entendiendo primero esto, que ninguna profecía de la Escritura es de interpretación privada (2 Pedro 1:20).

La palabra «privada» no se refiere al intérprete sino a las palabras que se interpretan. Significa que la Escritura profética no se debe explicar solamente por su contexto. Por ejemplo, Mateo 24 debe ser leído a la luz de otras Escrituras que tocan el tema. Ninguna profecía es autointerpretada. Cada pasaje debe ser entendido con la ayuda y comparación con muchos otros pasajes. Proceder de otra manera equivale a caer en la «interpretación privada».

Ciertamente la Palabra de Dios es una sola. Él la ha dejado escrita en la Biblia y por lo tanto no tenemos necesidad alguna de hablar en forma independiente, sino que debemos cotejar nuestras palabras con las que ya han sido habladas por Dios. Sin lugar a dudas, Dios el Espíritu nos da nueva penetración y descubrimiento de su voluntad, pero nuestra seguridad radica en que todo debe basarse en lo que Dios ha hablado. Jamás debemos movernos de esa posición.

5 DE MAYO

Mirad, pues, con dilgencia cómo andéis, no como necios sino como sabios, aprovechando bien el tiempo (Efesios 5:15, 16).

En la parábola de las diez vírgenes, el contraste entre las fatuas y las prudentes estaba dado por el factor preparación. En este pasaje tenemos un contraste similar pues los sabios son los que aprovechan bien el tiempo. Los necios son como los niños que piensan que postergando una obligación podrán quizás obviar la necesidad de obedecer. Si en realidad esta actitud de hacer nada es exitosa, entonces en cierto sentido, los niños serían sabios.

Si, por el contrario, el mandamiento se impone y debe ser en última instancia obedecido, es una insensatez ignorarlo y postergarlo. El pasaje continúa diciendo que para evitar la insensatez es importante conocer con claridad la voluntad de Dios. Si nuestro Dios es un Dios inmutable con propósitos de bien que son inalterables, es entonces prudente y sabio el darle rápida obediencia sin pérdida innecesaria de tiempo.

6 DE MAYO

Otra vez oró, y el cielo dio lluvia, y la tierra produjo su fruto (Santiago 5:18).

El Señor le había dado a Elías claras instrucciones para que buscara al rey Acab porque estaba a punto de derramar la lluvia sobre la tierra. Sin embargo, no envió la lluvia hasta que Elías oró. Dios no siempre lleva a cabo su voluntad solo sino que aguarda que nosotros cooperemos con Él en oración. Es cierto que Elías debía

primero saber que era la voluntad de Dios y que su hora para obrar
había finalmente llegado, pero este conocimiento no le eximió de la
ferviente oración que liberó la lluvia

Es un error pensar que el hombre puede iniciar algo por la oración.
La Biblia nos muestra que es Dios quien primero desea hacer ciertas
cosas, y que Él nos revela sus deseos. Nuestra parte es aprender
cuál es su voluntad y luego pedirle que Él la realice. Esta es la
verdadera oración, y es lo que Dios requiere de nosotros.

7 DE MAYO

*Hermanos, si alguno fuere sorprendido en alguna falta,
vosotros que sois espirituales, restauradle con espíritu de
mansedumbre* (Gálatas 6:1).

La disciplina es siempre una medida correctora y tiene por objeto la
recuperación del hermano que ha pecado. Aun en el caso extremo de
disciplina de la iglesia el propósito final es, que «el espíritu sea salvo en
el día del Señor Jesús» (1 Co. 5:5). Cuando los hijos de Dios están
involucrados siempre habrá misericordia en todos los juicios de Dios, y
cuando tenemos que juzgar a un hijo de Dios por indicación de Él, ya
sea como iglesia en forma colectiva o como miembros individuales,
debiéramos hacerlo siempre llenos de misericordia. Aun cuando nuestra
actitud exterior deba ser la de disciplina, la interior debe ser de amor.

El Señor establece claramente cuál debe ser nuestro objetivo en
cualquier caso de ofensa. No se trata de ganar nuestro caso, sino de
ganar a nuestro hermano. Aun los que estén espiritualmente más
avanzados, no deben asumir una posición de superioridad. Debemos
primero localizar en nosotros el pecado que se manifiesta en el
hermano, y hasta que no lo hemos juzgado en nosotros mismos, no
estaremos en condiciones de juzgar al hermano.

8 DE MAYO

*A Jesús conozco, y sé quién es Pablo; pero vosotros,
¿quiénes sois?* (Hechos 19:15).

A veces hablamos de mantener «el testimonio», como lo hizo

Juan en la tierra. Recordemos que este testimonio no se basa en lo que podamos decir de esto o aquello, sino de lo que puede decir Satanás acerca de nosotros. Dios nos ha puesto en este mundo y con frecuencia nos coloca en situaciones particularmente difíciles que nos hacen pensar que los del mundo llevan una vida mucho más fácil que los cristianos.

La pregunta que se impone es: ¿De qué valor somos en la esfera de los principados y potestades? Los espíritus malignos pueden ver a través del testimonio del hombre. Ellos saben cuando su testimonio está comprometido por falta de sinceridad o por un corazón dividido. Dado que ellos creen, saben cuándo tienen que temblar. Permítanme decir lo siguiente. Ya que nuestra mayor tarea es la de derrocarlos, será siempre mejor que tengamos el testimonio de los poderes malignos que los aplausos y alabanzas de los hombres.

9 DE MAYO

Y Samuel creció, y Jehová estaba con él y no dejó caer a tierra ninguna de sus palabras (1 Samuel 3:19).

Samuel no sólo fue el fruto de las oraciones de su madre, sino que él mismo había aprendido muy bien a orar por su propia cuenta. Aparece en total contraste con el sacerdote Elí quien no sólo era de avanzada edad, sino que también se había apagado espiritualmente, al punto que sus facultades carecían de la capacidad para comunicarse con Dios. Cuando por primera vez Dios le llamó, Samuel estaba atento escuchando y si bien no reconoció de inmediato que se trataba de la voz de Dios, estuvo dispuesto a aprender y obedecer.

Esto le condujo a una vida de oración comparable a la de Moisés. Samuel llegó a ser un eslabón entre lo antiguo y lo nuevo; entre la triste apostasía de Israel bajo la dirección de los jueces, y el glorioso reino de Dávid. Si la oración pudo superar tal abismo en aquella época, puede hacer cosas semejantes en nuestro día.

10 DE MAYO

*Grande es este misterio; mas yo digo esto respecto de Cristo
y de la iglesia* (Efesios 5:32).

El propósito de Dios en crear a la Iglesia fue el de darle una
compañera idónea a Cristo. Él había dicho: «Hagamos al hombre a
nuestra imagen ... y tengan ellos dominio» (Gn. 1:26vm). La misma
estructura se observa en el versículo siguiente: «A imagen de Dios
lo creó; varón y hembra los creó». De manera que Dios creó un
hombre pero podemos decir que en ese mismo acto creó dos
personas. Eva estaba en Adán cuando éste fue creado.

Sin embargo, Eva fue formada al ser sacada de Adán. En un
sentido paralelo pero diferente, la Iglesia es formada de Cristo, y
sólo aquello que se origina en Cristo puede ser la Iglesia. La Iglesia
es Cristo en ustedes, y Cristo en todos los cristianos de todo el mundo
de todos los tiempos, reunidos en uno. Sin Cristo no tiene existencia,
ni vida ni futuro. ¿Pero no podemos también decir que sin ella —
sin ti y sin mí— Él carece de su ayuda idónea?

11 DE MAYO

*Felipe le respondió: Doscientos denarios de pan no
bastarían* (Juan 6:7).

¿Hemos notado que los evangelios relatan dos milagros separados
en que Cristo alimenta a una gran multitud de personas? ¿Por qué
dos milagros, considerando que son casi idénticos en naturaleza y
en la forma en que fueron realizados? ¿Será debido a nuestra lentitud
para aprender aun lecciones urgentes?

Cuántos de nosotros estamos mirando a los cinco pancecillos que
tenemos en la mano, en lugar de estar mirando al Señor. ¡Son tan
pocos y tan pequeños! Los miramos y calculamos, y seguimos
cavilando para ver cómo podemos hacer para alimentar a tantos con
tan poco. Cuanto más calculamos y cavilamos, más laboriosos se
hacen nuestros esfuerzos y quedamos extenuados por la tensión.
Me conforta recordar lo que un hermano chino me dijo en cierta
oportunidad. Fue lo siguiente: «Cuando Dios quiere realizar un
pequeño milagro, nos coloca en circunstancias difíciles; cuando

quiere realizar un gran milagro las circunstancias con las cuales nos rodea son imposibles.»

12 DE MAYO

Ya conozco que temes a Dios (Génesis 22:12).

Uno que ha llegado a ser dúctil en la mano de Dios responde de inmediato a sus deseos. En el mismo momento en que Abraham colocó a Isaac sobre el altar y levantó su cuchillo para sacrificarlo, Dios le llamó deteniéndole en su acción y mostrándole un carnero que debía ser ofrecido en lugar de su hijo. Esto podría haberle planteado un nuevo problema a Abraham. ¿Cómo podría discernir la voluntad de Dios si en un momento dado le decía que hiciera una cosa y poco más tarde le decía que hiciera lo opuesto?

Si anexamos nuestros propios pensamientos a la voluntad de Dios, por supuesto que cuando Él cambia las órdenes nuestros pensamientos quedarán fijos, y nos preguntaremos cómo podemos hacer para actuar de manera consecuente. Sin embargo, para Abraham todo esto fue muy claro y sencillo. Su obediencia instantánea no se debió a sus razonamientos sino a la confianza que tenía depositada en Dios en toda circunstancia. Esto no dejaba lugar alguno para la perplejidad. En todo esto nos dejó un hermoso ejemplo de un hombre que ha sido salvado de sí mismo y que verdaderamente confía en Dios.

13 DE MAYO

Tu nombre es como ungüento derramado, por eso las doncellas te aman (Cantar de los Cantares 1:3).

El Señor Jesús mismo es el Ungido, el Cristo. Como la dulce fragancia del aceite de la unción el Espíritu Santo hace conocer a los hombres las perfecciones y la hermosura de su vida santa. El hecho de que el suave ungüento de su nombre se menciona como un «ungüento derramado», nos hace pensar de inmediato en su muerte.

En la mesa del Señor no sólo recordamos esa muerte, sino que también la proclamamos (1 Co. 11:26). Nuestra recordación incluye la muerte, pero se proyecta más allá aún y nos lleva a pensar en el Señor mismo. Él dijo: «Haced esto en memoria de mí». Muchos estaremos de acuerdo en afirmar que nada estimula tanto a un recuerdo como algún perfume que está asociado a una experiencia particular de nuestra vida. De manera que no sólo pensamos con gratitud en lo que Él ha hecho, sino en su Persona. Las doncellas no aman meramente la misericordia y los beneficios recibidos. Aman a la Persona cuyo nombre ha llegado a contener tanta dulzura para ellas.

14 DE MAYO

Ministrará en el nombre de Jehová su Dios como todos sus hermanos los levitas que estuvieren allí delante de Jehová (Deuteronomio 18:7).

Aquellos que ministran a Dios no sólo deben acercarse a Él, sino también deben estar «delante de Él». A mí me parece que en estos días todos queremos estar moviéndonos y no podemos permanecer quietos. Hay tantas cosas que reclaman nuestra atención que estamos en un movimiento perpetuo.

Sin embargo, una persona espiritual debe saber estar quieta. Queda delante de Dios hasta que Él le hace saber su voluntad.

Hermanos, ¿no creemos que un siervo debe aguardar las instrucciones de su amo antes de comenzar a servirle? Deseo dirigirme especialmente a mis colaboradores en el ministerio. En la esfera del servicio cristiano sólo hay dos clases de pecado delante de Dios. Uno es el pecado de rehusarnos a cumplir sus mandatos. El otro es el pecado de salir adelante cuando el Señor aún no ha impartido las instrucciones. El primero es rebelión; el segundo, presunción. Sólo el estar delante del Señor nos guardará de este segundo pecado de hacer lo que Él no ha ordenado. Nuestro privilegio es aguardar su placer.

15 DE MAYO

El espíritu a la verdad está dispuesto, pero la carne es débil (Mateo 26:41).

Los discípulos estaban en Getsemaní, de manera que esta fue una experiencia pre-pentecostal. Nos recuerda que el creyente no puede vivir por su propia fuerza de voluntad. A lo sumo la fuerza de voluntad nos puede llevar a una actitud de disposición, pero no más allá. El estar dispuestos no dará fuerzas a la carne débil. Se requiere mucho más que eso.

La voluntad propia se asemeja a un automóvil sin combustible. Debe ser empujado o remolcado. Solo, se detiene. Por ende, confiar en la voluntad humana para lograr propósitos espirituales nos lleva a una derrota segura. El poder espiritual no proviene de la voluntad humana sino de la nueva vida en Cristo. Esta vida contiene otro poder más profundo que va mucho más allá de nuestra volición, y por ese poder nos encontramos gloriosamente conducidos en la victoria de nuestro Señor.

16 DE MAYO

Llevó él mismo nuestros pecados en su cuerpo sobre el madero (1 Pedro 2:24).

El hombre peca a través de su cuerpo y en ese cuerpo disfruta el placer pasajero de ese pecado. En consecuencia, el cuerpo debe llevar el juicio debido al pecado. Esto explica en parte los sufrimientos físicos del Señor y éstos están claramente profetizados en los escritos mesiánicos. Sus manos, sus pies, su frente, su costado, su corazón: todos fueron atravesados no sólo *por* hombres pecadores, sino *para* hombres pecadores.

Las manos fueron clavadas, pues se deleitan en pecar. Su boca se secó, pues constantemente es instrumento del pecado. Los pies fueron traspasados pues son los que nos conducen al pecado. La frente fue clavada por la corona de espinas pues allí se maquinan los malos pensamientos. Todo lo que el cuerpo humano debía sufrir fue ejecutado sobre su santo cuerpo. El Señor podría haber evitado estos sufrimientos, pero ofreció voluntariamente su cuerpo para sufrir dolores inmensurables por nosotros y solamente dio su espíritu cuando estaba seguro que todo había sido consumado.

17 DE MAYO

La Escritura, previendo que Dios había de justificar por la fe a los gentiles, dio de antemano la buena nueva a Abraham (Gálatas 3:8).

Pablo nos recuerda que la gracia no comienza con el Nuevo Testamento. Lo que Dios le dio a Abraham no fue la ley, sino la promesa del evangelio. Según la carta a los Gálatas, el evangelio de hoy está basado sobre el evangelio que le fue hablado a Abraham. Nuestra bendición está basada sobre la bendición dada a Abraham. La promesa que hoy es nuestra se remonta a la promesa que Dios le dio a Abraham. Aun el Cristo que recibimos por la fe en el corazón es la simiente de Abraham. Pablo nos da muestras que el Antiguo Testamento y el Nuevo conforman una sola línea.

Observado desde otra óptica podemos decir que Dios no ha dado gracia en una época y ley en otra. Tampoco ha dado promesas y luego demandó obras por un cierto tiempo. La gracia que hoy recibimos no es algo nuevo sino la misma gracia que recibió Abraham. De manera que la promesa al principio, la ley en el medio, y la obra consumada de Cristo después, todos conforman una sola línea.

18 DE MAYO

En Cristo Jesús yo os engendré por medio del evangelio (1 Corintios 4:15).

Las Escrituras nos dicen que Abraham es el padre de todos los creyentes. Esta es una forma de expresión interesante pues demuestra que la verdadera espiritualidad está basada sobre un nacimiento y no sobre la predicación. Los hombres no son transformados por escuchar la doctrina o por tomar un curso de instrucción o enseñanza. Son cambiados por el nuevo nacimiento.

Primero, Dios eligió un hombre que creyó, y de él nacieron

muchos. Cuando un incrédulo se encuentra con un hombre que ha sido salvado por creer, toma conciencia que esta persona tiene algo que él no posee. Ese algo no es tan sólo información, sino vida. Ha nacido de nuevo. Aquellos que tienen esta simiente de vida al igual que Abraham, deberían estar engendrando a otros. La Palabra que Pablo aquí refiere a sus hijos en la fe demuestran que no era tan sólo para ellos un predicador o un consejero, sino su padre espiritual.

19 DE MAYO

Con humildad, estimando cada uno a los demás como superiores a él mismo (Filipenses 2:3).

Una vez se le preguntó a un creyente anciano: «¿Cuál es la virtud cristiana más difícil de lograr?» La respuesta fue: «El espíritu de humildad. El grave problema es estimar a los demás como superiores a uno.» El interlocutor volvió a preguntar: «¿Y cómo se puede lograr?» La respuesta fue: «Hay una sola manera. Cuando me considero a mí mismo, miro a lo que San Pablo llama el "viejo hombre". Cuando considero a otra persona, procuro ver en él al "nuevo hombre": la nueva creación en Cristo.»

¡Con qué facilidad criticamos a otros! Nuestras demandas hacia ellos son más exigentes que las del Señor, quien demanda poco y perdona mucho. Lo que nosotros vemos son sus evidentes fracasos, pero lo que el Señor ve son sus victorias escondidas. Los fracasos de mi hermano están a la vista, pero las victorias que ha logrado en el lugar secreto pueden exceder todas las que yo haya experimentado o aun soñado.

20 DE MAYO

Pero temo que como la serpiente con su astucia engañó a Eva, vuestros sentidos sean de alguna manera extraviados de la sincera fidelidad a Cristo (2 Corintios 11:3).

Antes de que un hombre reciba un corazón nuevo de parte de Dios, debe primero sufrir un cambio de mente. Esto es lo que ocurre en la conversión, pero aun después de ella la mente del creyente no está exenta de los embates de Satanás. El mismo apóstol que afirmó que el dios de este siglo ha cegado el entendimiento de los que no creen, estaba también preocupado por si Satanás engañara y corrompiera los pensamientos de aquellos que habían experimentado un cambio de mente.

Al engañar con su astucia a Eva lo primero que hizo Satanás fue sembrar dudas en su mente. Hasta ese momento su corazón estaba sin pecado, pero permitió que sus pensamientos fueran distorsionados, rindiendo el control de su mente y arruinando su relación con Dios. Tengamos cuidado de no hacer alarde de la sinceridad de nuestros corazones, a la par que procedemos con negligencia en cuanto a nuestra vida mental. La transformación espiritual depende de la renovación mental (Ro. 12:2).

21 DE MAYO

> *Yo habito en la altura y la santidad; y en el quebrantado y humilde de espíritu* (Isaías 57:15).

Como pueblo de Dios podemos llegar a pensar erróneamente, que sólo se requiere un corazón contrito cuando por primera vez nos arrepentimos y creemos en el Señor, o en ocasiones cuando caemos en pecado y se hace necesario obtener el perdón. Sin embargo, debemos saber que Dios busca un estado de quebrantamiento permanente en nosotros. Aun cuando no pequemos a diario Dios quiere que haya un espíritu humilde, recordando que tenemos aún dentro nuestro una naturaleza pecaminosa que puede excitarse en cualquier momento.

El hecho de que como creyentes estamos unidos al Señor por un mismo espíritu, no significa que seamos infalibles. A medida que nos conocemos mejor a nosotros mismos, nos damos cuenta de lo irresponsables que pueden ser nuestras propias ideas, y qué traicioneros pueden ser nuestros sentimientos y deseos. No nos atrevemos a confiar en nosotros mismos, sino que reconocemos que si no estamos sustentados por Dios, seguramente fracasaremos. Esto equivale a contrición de espíritu. Dios habita con esta clase de persona.

22 DE MAYO

El Espíritu mismo da testimonio a nuestro espíritu, de que somos hijos de Dios (Romanos 8:1).

La regeneración de un hombre jamás se ha de lograr por medio de los ejercicios de su alma. El sentirse penitente, aun con lágrimas, y luego tomar una decisión por Cristo, no obtienen en sí la salvación del alma. La confesión, decisión u otro acto religioso, no producen el nuevo nacimiento.

Un juicio racional, la comprensión intelectual, la aceptación mental, la búsqueda de lo bueno y verdadero, son todos excelentes ejercicios para el alma del hombre. Pueden llevarle al punto de tener anhelos de Dios, pero aunque pueden funcionar como siervos, las ideas, sentimientos y elecciones no pueden jamás ocupar el lugar del amo. En el tema crucial de la salvación su rol sólo puede ser secundario. La realidad bíblica del nuevo nacimiento pertenece a otra esfera mucho más profunda. No es nada menos que el despertar de la vida divina en el espíritu del hombre por medio de la entrada del Espíritu Santo de Dios.

23 DE MAYO

Envió un varón delante de ellos; a José, que fue vendido por siervo (Salmo 105:17).

De todos los siervos de Dios que se mencionan en el Antiguo Testamento, José es quizá el más perfecto. Si bien las Escrituras no señalan ningún defecto en su carácter, bien sabemos que su vida no fue nada fácil. Desde temprana edad sufrió una serie de amargas pruebas, y fue víctima de muchas injusticias. A pesar de su fidelidad soportó una prueba tras otra.

¿Cuándo comenzaron estas adversidades? Sin duda comenzaron con sus sueños. En ellos vio lo que Dios iba a hacer, y reconoció su lugar en los planes de Dios. Fueron sus suelos los que iniciaron el proceso. Los sueños vienen a representar la visión espiritual. Por medio de ellos, él pudo ver cosas que sus hermanos no vieron. «Aquí viene el soñador», dijeron, y le odiaron. Pero por el hecho de ver, José pudo mantenerse firme en todas las experiencias adversas, y por medio de él Dios pudo cumplir su plan para su pueblo terrenal.

24 DE MAYO

Derribando argumentos, y toda altivez que se levanta contra el conocimiento de Dios (2 Corintios 10:5).

Una de las esferas donde opera Satanás es la mente del hombre. Él incita imaginaciones que deben ser suprimidas antes de que podamos colocar nuestros pensamientos en sujeción a la obediencia a Cristo. Debemos saber en qué consiste la tentación satánica. Él inyecta en nuestra mente un pensamiento o una idea que aparenta ser nuestra. Atraídos por la idea la aceptamos y la utilizamos, como si fuera propia, aunque en realidad es de origen satánico.

Muchos pecados se cometen primero en la imaginación de nuestras mentes. Un gran número de situaciones desagradables entre hermanos se originan en el área de los pensamientos. No podemos impedir que un pájaro vuele por sobre nuestra cabeza, pero sí podemos impedir que construya un nido sobre ella. Propongámonos evitar que malos pensamientos encuentren un punto de apoyo dentro nuestro.

25 DE MAYO

Mi comida es que haga la voluntad del que me envió, y acabe su obra (Juan 4:34).

Una de las características maravillosas del ministerio espiritual es que refresca al que en él se ejercita. Tomemos, por ejemplo, el incidente de Jesús en la fuente de Sicar. Él tenía una sed genuina cuando le pidió de beber a la mujer samaritana, pero ante su preocupación por ella como pecadora necesitada, ignoró su propia condición. En cambio, se ocupó de la conversación que habría de ministrar el agua de vida a su alma.

Luego regresaron sus discípulos, y ante su sorpresa el Señor parecía tan refrescado que comenzaron a preguntarse de dónde había obtenido provisiones para comer. La respuesta evidente fue, por supuesto, que al dar de beber a otro el agua de vida experimentó que su propia sed había sido satisfecha. La vida en el Espíritu, y el ministerio en el Espíritu son siempre así.

26 DE MAYO

Me fue dado un aguijón en mi carne, un mensajero de Satanás que me abofetee (2 Corintios 12:7).

Un hecho sorprendente en la Biblia es que al parecer es relativamente fácil la sanidad de un «pagano» pero la sanidad de un creyente no es tan fácil o corriente. El Nuevo Testamento nos demuestra de una manera contundente que siempre que un incrédulo se acercó a Jesús buscando sanidad, fue curado de inmediato. Sin duda la sanidad es tanto para el beneficio del creyente como del incrédulo. No obstante, la Biblia nos presenta casos de creyentes que no fueron sanados. Entre ellos hombres muy piadosos como Trófimo, Timoteo y Pablo. Cada uno de estos tres excelentes siervos de Dios y hermanos en Cristo, tuvieron que sufrir la enfermedad.

Surge con claridad que la enfermedad difiere del pecado en sus resultados. El pecado no produce fruto alguno de santidad, pero la enfermedad sí lo produce. No consideremos a la enfermedad o al dolor como algo terrible. ¿En qué mano está el bisturí? Recordemos que está en la mano de Dios. ¿Por qué estaremos ansiosos por una enfermedad, como si estuviera controlada por el enemigo? Sin el permiso de Dios Satanás no puede enfermar a nadie. Todas las enfermedades nos son administradas por Dios por causa del enriquecimiento que nos pueden traer.

27 DE MAYO

Vosotros, pues, sois el cuerpo de Cristo, miembros cada uno en particular (1 Corintios 12:27).

Una toma de conciencia viva de nuestra comunión en Cristo es algo muy precioso. Despierta en nosotros un sentido muy profundo y creciente de «pertenecer». La característica de la mariposa siempre «solitaria» da lugar a la naturaleza de la abeja operando continuamente desde la base de la colmena, y trabajando sin cesar, no para sí misma, sino para su colectividad. Significa que vemos nuestra propia posición delante de Dios no como unidades aisladas, sino miembros los unos de los otros.

Las unidades no tienen un uso especial; ejercen un ministerio limitado, y con facilidad pueden pasarse por alto o ser omitidas. Una sola unidad ni siquiera afecta a las estadísticas. En el caso de los miembros es todo lo opuesto. No pueden permanecer pasivos en el cuerpo. Ni siquiera se atreven a permanecer mirando. Ninguno de ellos puede decir: «Yo no cuento».

28 DE MAYO

Resistid al diablo, y huirá de vosotros (Santiago 4:7).

Un hijo de Dios no puede ser desmedidamente curioso. Existen áreas que no debe explorar; áreas donde Satanás aguarda para envolver y engañar con su astucia y falsa información a los curiosos. Al principio el creyente puede ser atraído por tal información como algo beneficioso, pero a no ser que estos pensamientos peligrosos se corten de cuajo y desde el principio, llegarán con el tiempo a descontrolarnos. Debemos resistir toda vana especulación.

Cuando tales pensamientos son resistidos de inmediato en el nombre del Señor Jesús, el problema se resuelve. Si vuelve a repetirse el pensamiento por segunda vez podrá ser ignorado. Resistid al diablo una vez, y la promesa es que él huirá. Debemos creer en lo que Dios ha dicho; en efecto, que ha huido. No será necesario resistirlo la segunda vez, pues proceder así equivaldría a desacreditar la primera resistencia. Cada nueva resistencia involucra una más profunda desconfianza en la Palabra de Dios, hasta que llegamos a estar ocupados resistiendo a Satanás desde la mañana hasta la noche. Cuanto más pensamos en el asunto, tanto más nos confundimos. ¡No! Volvámonos con sencillez al Señor Jesús y olvidemos todo lo demás.

29 DE MAYO

Nos hizo reyes y sacerdotes para Dios, su Padre (Apocalipsis 1:6).

En el Sinaí Dios dijo al pueblo de Israel que les establecería como un reino de sacerdotes. La China es una nación de etiqueta y la India una nación de filosofía, pero el rol de Israel era un rol singular. Cada uno de ellos, hombres o mujeres, niños o adultos, debía ser un sacerdote hacia Dios y hacia la humanidad. Sin embargo, como consecuencia de su fracaso, lo que debía ser el ministerio de toda la nación tuvo que ser reservado sólo para la tribu de Leví.

Ahora, por medio de Cristo, la promesa ha sido renovada. Su Iglesia en el mundo constituye un reino de sacerdotes. Durante la antigua dispensación todos los incapacitados, rengos o defectuosos estaban eliminados del servicio sacerdotal, pero hoy, nosotros los impíos, indignos, ciegos y paralíticos, somos llamados por Dios para ser sacerdotes. Con el nuevo pacto la voz del cielo desciende para decirnos que todos los salvados son elegidos para servirle, y al hacerlo, atraen a la humanidad hacia Él.

30 DE MAYO

La amistad del mundo es enemistad contra Dios (Santiago 4:4).

Observemos lo que contiene esta declaración. No nos sugiere que debemos tratar a las personas del mundo como enemigos. Jesús nunca estableció que la hostilidad hacia el mundo era una condición para poder amarle. Sin embargo, cuando nos convertimos al Señor, ciertas amistades y relaciones íntimas con otras personas, no pueden continuar existiendo exactamente como eran antes de convertirnos. Podremos seguir amando a un viejo amigo, pero nuestro deseo ahora será el de ganarle para Cristo. Podemos buscar su compañía, pero con el nuevo propósito de compartir con él la buena noticia que a nosotros nos trajo la libertad. Esto fue lo que hizo Cornelio cuando invitó a sus parientes y amigos para que escucharan la predicación de Pedro.

Diles a tus viejos amigos lo que te ha ocurrido. Diles que has creído en el Señor Jesús. Si reaccionan en forma negativa recuerda que es preferible ser rechazado, a que ellos te alejen de Cristo. Si es posible mantiene la amistad pues esto es bueno, pero no anheles una amistad íntima. Tú perteneces al Señor Jesús y tu misión es representarle a Él. Tarde o temprano verás que ellos se vuelven a Cristo, o de lo contrario, se alejan de ti. Difícilmente haya otra alternativa.

31 DE MAYO

Moisés, apresurándose, bajó la cabeza hacia el suelo y adoró (Éxodo 34:8).

Moisés adora primero y ora después. Primero, reconoce la corrección de los caminos de Dios, y luego busca su gracia. Contrariamente a lo que hicimos nosotros él no procura rogarle a Dios que, en base a su gracia, invierta su decisión. Nosotros siempre estamos procurando persuadir a Dios para que cambie su forma de obrar. Sin considerar sus caminos, abruptamente pedimos que Él quite ya, sean las presiones que sufrimos, la enfermedad, o el problema familiar que nos acosa. Orar de esta manera no es adorar a Dios.

Hemos perdido de vista cuál es nuestra posición delante de Dios. Nosotros nos engrandecemos demasiado, pero Moisés no procedió así. Antes de orar reconoció la soberanía de Dios, y con la cabeza inclinada, aceptó sus caminos. Después de esto pidió que, si había hallado gracia ante sus ojos, Dios permaneciera con su pueblo a pesar de lo que habían hecho. La aceptación de los caminos del Señor no excluye la oración ni elimina la gracia. Pero existe un orden de prioridades. Primero, capitulamos delante de Dios, y luego oramos. La oración puede ser la mera expresión de mi voluntad, mientras que la adoración que la antecede constituye la aceptación de la voluntad de Dios.

1 DE JUNIO

Completad mi gozo, sintiendo lo mismo (Filipenses 2:2).

Debemos señalar que este pedido del apóstol para que los santos sean de un mismo sentir, no está dirigido a la Iglesia universal.

Aunque la Iglesia toda puede aprender de esta exhortación las palabras se aplican especialmente a los filipenses, a quiénes Pablo dirigió esta carta Ustedes creyentes de Filipos, hermanos filipenses, deben ser de un mismo sentir.

No es de ningún valor que ustedes los hermanos de Fuchou sean del mismo sentir que los hermanos de la iglesia en Shanghai. Es también inútil sentir lo mismo con los hermanos de Lan-chou. Ustedes deben ser de un mismo sentir con los hermanos que viven en esta ciudad. Esto es lo que nos ordena la Biblia. El sentir lo mismo debe tener a nuestra propia localidad como su requerimiento mínimo. Si está ausente en nuestra iglesia local todas nuestras doctrinas no serán más, que ideales abstractos.

2 DE JUNIO

Moisés clamó a Jehová, diciendo: Te ruego, oh Dios, que la sanes ahora (Números 12:13).

Cuando Miriam y Aarón se convinieron para disputar el liderazgo de Moisés ninguna palabra de defensa propia brotó de sus labios. No tenía nada que decir en defensa propia. Durante todo el proceso actuó como si fuera tan sólo un espectador. No tenía arma alguna que empuñar. No refutó ni disentió.

Más aún, rápidamente perdonó y estuvo dispuesto a orar por Miriam cuando ella necesitó de sus oraciones. De no haber gustado las misericordias de Dios le hubiera dicho a Aarón: «¿Por qué no oras tú al Señor ya que tanto insistes en que Dios a ti también te habla?»

Sin embargo, así como Cristo oró por sus enemigos, Moisés oró resueltamente por Miriam y el restablecimiento de su salud. De esta manera nos demuestra la forma de cumplir con el mandamiento que reza: «Haced bien a los que os aborrecen» (Mt. 5:44).

94 *Aguas refrescantes*

3 DE JUNIO

Sabiendo que vuestro trabajo en el Señor no es en vano
(1 Corintios 15:58).

Si nuestra obra para el Señor se realiza en su poder, sin duda
alguna producirá sus frutos. Pero supongamos que Él nos ha
encomendado una tarea y hemos trabajado en ella por ocho o diez
años sin ver ningún resultado. ¿Debemos seguir trabajando con
fidelidad sencillamente porque Dios nos lo ha ordenado? ¿Cuántas
personas trabajan por el solo hecho de ver frutos?

Dado que la naturaleza de la obra de Dios es eterna, Él busca
hombres de fe para realizar sus tareas. Para nosotros, los seres
humanos que vivimos en el tiempo, es difícil percibir y entender la
obra de Dios en razón de su carácter eterno. Nos será de ayuda
recordar que la obra del Señor Jesús fue la de la cruz: una pérdida
con el fin de una mayor ganancia. La obra del creyente es
exactamente igual. Dios necesita hoy seguidores quienes trabajarán
por Él hasta el fin, vean o no sus resultados.

4 DE JUNIO

¿Quién es ésta que sube del desierto, recostada sobre su
amado? (Cantar de los Cantares 8:5).

El Espíritu Santo dirige nuestra atención a este cuadro
sorprendente que no es otra cosa que el misterio de la Iglesia. Ha
dejado el mundo atrás pues viene del desierto, y va en dirección
hacia arriba pues sube, avanzando hacia la meta celestial. Además,
está en una actitud de dependencia pues está recostada sobre su
amado. Sabe que es incapaz de encontrar el camino por sí sola, y
por ello se mantiene cerca de Él. Su dependencia y cercanía no se
deben a un sentido del deber tanto como a un amor de corazón.

De manera que podemos avistar un movimiento hacia adelante y
hacia arriba de la Iglesia peregrina que recibió un llamamiento
celestial en Cristo el Señor. ¿Por qué esperamos al Señor en una
actitud de contemplación pasiva?

Lo que verdaderamente nos prepara para su venida es una

adecuada condición espiritual, y ello demanda un avance progresivo y hacia arriba ahora.

5 DE JUNIO

No habéis resistido hasta la sangre, combatiendo contra el pecado (Hebreos 12:4).

¿Cuál es el significado del sufrimiento del cristiano? A no ser que seamos llamados al martirio nuestra resistencia y nuestra lucha contra el pecado no ha llegado al punto de sangre derramada. No obstante, aun deploramos nuestra suerte. ¿Queremos disfrutar de un camino próspero en esta vida, con vestimentas de lino fino y un plácido andar por calles de oro que conducen a la ciudad de las perlas?

Dios ha ordenado toda clase de circunstancias y acontecimientos acompañados de muchos sufrimientos, todo con el propósito de crear en cada uno de sus hijos un carácter que le glorificará a Él. El ser maltratados puede ser la evidencia de su aprobación. La disciplina es ordenada por el amor. El amor mide y el amor planifica. Dios no procede de esta manera con todos, pero ciertamente lo hace con aquellos que ha adoptado como hijos.

6 DE JUNIO

Qué pide Jehová de ti: solamente hacer justicia y amar misericordia, y humillarte ante Dios (Miqueas 6:8).

La humildad es una gracia que debiera motivar genuinamente a las personas, pero la forma en que algunos creyentes hacen alarde de su humildad revela claramente la falsedad de sus corazones. Hablamos sin cesar de la humildad, pero al hacerlo sólo demostramos lo que Pablo llama «humildad afectada» (Col. 2:18), con motivos escondidos y no de una manera genuina. ¡Mejor sería llamarle orgullo!

Aquel que es verdaderamente humilde no es así sino espontáneo, genuino, real. Actúa de una manera natural y habla de manera afable.

Al igual que su maestro, sabrá «ceñirse con una toalla», pues estima a los otros como mayores que él. Tampoco es orgulloso al punto de negarse a pedir ayuda cuando la necesita. No es de sorprender que los hombres se pregunten: ¿Quién será su amo para que le sirva tan alegremente?

7 DE JUNIO

> *He aprendido a contentarme, cualquiera que sea mi situación* (Filipenses 4:11).

Pablo no sólo conocía a Cristo sino que Cristo había llegado a forjarse en su vida a través de las pruebas del tiempo. Él dice: «He aprendido», y el contexto señala situaciones en que han prevalecido la falta de bienes materiales para su sustento. Por medio de tales experiencias, que sin duda demandaron tiempo, se produjo un cambio progresivo y definido en su carácter. Esto es precisamente lo que nosotros necesitamos. No sólo vidas intercambiadas —«Ya no vivo yo, mas vive Cristo en mí» (Gá. 2:20)— sino vidas cambiadas. Por supuesto que no es posible tener la segunda sin la primera, pero Dios quiere de manera definida la segunda. Él quiere operar una verdadera transformación en nosotros.

No interpretemos equivocadamente la forma en que Dios procede con nosotros. Si emplea pruebas y adversidades difíciles de llevar, es para un propósito especial. Una vasija preciosa, o una herramienta de calidad no puede producirse sin un alto costo. Sólo los productos de baja calidad se producen en forma económica.

8 DE JUNIO

> *Si alguno ama al mundo, el amor del Padre no está en él* (Juan 2:15).

Hoy día el mundo se acerca a nosotros y nos investiga. Hay fuerzas que actúan para cautivar a los hombres. ¿Has sentido en el pasado el poder del mundo de la manera que se lo siente hoy? ¿Has oído hablar tanto acerca del dinero como se hace hoy día? ¿Has observado cuánto tiempo empleamos para hablar de la comida y el vestido?

Dondequiera que uno vaya, aun en círculos de creyentes, el tópico de las conversaciones gira en torno a las cosas del mundo. El mundo ha llegado a las mismas puertas de la Iglesia procurando atrapar al pueblo de Dios en su red. Nunca como ahora se ha hecho tan necesario conocer de una manera real el poder de la cruz, para liberarnos de este presente siglo malo.

Jesús habló en forma clara de esto a sus discípulos. También oró por ellos: «Estos están en el mundo, y yo voy a ti. Padre santo, a los que me has dado, guárdalos en tu nombre.» En última instancia; cuando estamos en contacto con las cosas del mundo la última pregunta que nos cabe hacer es: ¿Cómo afecta esto mi relación con el Padre?

9 DE JUNIO

Si Balac me diese su casa llena de plata y oro, yo no podré traspasar el dicho de Jehová (Números 24:13).

Fue recién cuando Balaam expresó la Palabra al Señor que sus palabras se convirtieron en profecía. Él habló cuando el Espíritu de Dios vino sobre él y con independencia de su condición moral, porque habló *a pesar* de él. Dios estaba tan sólo empleando la boca de este hombre para expresar su palabra. Si Balaam hubiera intentado agregar sus propios pensamientos y sentimientos, de inmediato hubiera dejado de ser la Palabra de Dios.

¡Qué distinta fue la manera en que la Palabra de Dios se proclamó por el Señor Jesucristo! Anteriormente Dios había utilizado la voz del hombre para propagar su Palabra. Hasta el mismo Juan el Bautista, el último de los profetas, no fue más que una voz en el desierto. Sin embargo, cuando del Señor Jesús se trata, la consistencia de su carácter nos constriñe a hablar de Él como la Palabra viviente de Dios. Cuando Él abría su boca expresaba la Palabra de Dios, pero aun cuando callaba, esa Palabra seguía habitando en su maravillosa Persona.

10 DE JUNIO

> *Yo Juan, vuestro hermano, y copartícipe vuestro en la*
> *tribulación, en el reino y en la paciencia de Jesucristo*
> (Apocalipsis 1:9).

En Apocalipsis 6:10 oímos el clamor: «¿Hasta cuándo Señor...?»
A los que expresaban esta queja ya se les hacía difícil seguir
ejercitando la paciencia. Clamaban pidiendo venganza y la ejecución
del juicio. Sin duda, si la impaciencia puede de alguna manera
justificarse es en los santos que ya han fallecido, pues ellos han
esperado mucho más que los que aún viven. Aun así, reciben por
respuesta que el tiempo de la paciencia aún no ha concluido.

Es significativo que Juan se llame a sí mismo participante de la
paciencia de Jesucristo en el mismo umbral del libro que tanto habla
acerca del juicio. Tan pronto se ejecute el juicio no habrá ya necesidad
de paciencia. Juan, que está a punto de escribir sobre el tema del
juicio, declara que todavía está viviendo en la esfera de la paciencia.
Cuando Dios derrame su ira sobre la tierra, entonces el tiempo de la
paciencia habrá llegado a su fin. Mientras tanto, Dios llama a su
pueblo a compartir con Él la paciencia.

11 DE JUNIO

> *¿Quién acusará a los escogidos de Dios? Dios es el que*
> *justifica* (Romanos 8:33).

Es bueno el arrepentirnos de nuestros pecados, pero enfrascarnos
en pensamientos relacionados con nuestra maldad no es bueno pues
con mucha facilidad lo confundimos con humildad cristiana. Al
hacerlo no reconocemos que estamos sufriendo los dañinos efectos
de las acusaciones de Satanás. Por supuesto que cuando pecamos
debemos reconocerlo, confesarlo y enmendar nuestro mal proceder.
Sin embargo, hay otra lección que debemos aprender y consiste
en no mirarnos a nosotros mismos, y en cambio mirar al Señor
Jesús.

Una vez que un hijo de Dios acepta las acusaciones de Satanás,
permanentemente sentirá que está mal. Desde la mañana hasta la
noche, ya sea en el trabajo o en el descanso, caminando, leyendo las

Escrituras u orando, será consumido por los pensamientos de su propia indignidad. La Palabra de Dios nos dice que la sangre de Jesucristo, el Hijo de Dios, nos limpia de todo pecado, y *todo pecado* significa *cada pecado*, sea éste grande o pequeño.

12 DE JUNIO

> *Celebremos la fiesta ... con panes sin levadura, de sinceridad y de verdad* (1 Corintios 5:8).

El partimiento del pan tiene dos significados en las Escrituras. El primero es el de recordar al Señor, y el segundo es el de expresar comunión con todos los hijos de Dios. Sin duda que nos es imposible estrechar la diestra de comunión con cada uno de los hijos de Dios aquí en la tierra. Sin embargo, en el día del Señor su pueblo toca simbólicamente el mismo pan al partirlo en su nombre aquí y a través de todo el mundo.

Dondequiera que estén ellos tocan el mismo Pan vivo que yo. De esta manera yo me relaciono con todos los verdaderos hijos de Dios. En la mesa del Señor me reúno con todos mis hermanos y hermanas, al igual que con mi Señor. No sólo tengo comunión con los que comparten conmigo el pan en mi congregación local, sino también con todos aquéllos cuyas manos se extienden para tomar el mismo Pan de vida en todo el mundo. «Siendo uno solo el pan, nosotros, con ser muchos, somos un cuerpo» (1 Co. 10:17).

13 DE JUNIO

> *Salimos, acompañándonos todos, con sus mujeres e hijos, hasta fuera de la ciudad* (Hechos 21:5).

Confío que si el Señor bendice nuestras iglesias hoy, la mitad de las personas que se añadan serán hijos de padres creyentes, y la otra mitad personas rescatadas del mundo. El Evangelio, sin duda, redime personas del mundo pero la iglesia no será fuerte si el crecimiento sólo viene del mundo y no de los hijos de sus miembros. Debemos esperar que una buena cantidad de nuevos creyentes provenga de familias cristianas. Personas como Timoteo deben ser traídas al Señor

por medio de una Loida y una Eunice. De esta manera la iglesia
será grandemente enriquecida.

Para guiar a nuestros propios hijos al Señor debemos marchar
nosotros adelante, para que ellos nos sigan. El nivel de fe que
nosotros ejercitamos contribuirá de una manera primordial para el
desarrollo de su fe.

14 DE JUNIO

Yo reprendo y castigo a todos los que amo (Apocalipsis 3:19).

¡Qué distintos eran estos creyentes de Laodicea de aquéllos en
Esmirna a quienes el Señor reconoció como verdaderamente ricos!
Los laodicenses pueden haber sido creyentes notables con muchas
cosas de las cuales estar orgullosos, pero mejor hubiera sido que
ellos callaran y permitieran que otros los elogiaran.

Las cosas espirituales no son cosas por las cuales nos debemos
jactar. Uno puede jactarse de ser rico y tener mucho dinero, y no
necesariamente por eso el viento se llevará sus billetes, o sus bienes
se reducirán como por arte de magia. Sin embargo, las riquezas
espirituales por las cuales nos jactamos se desvanecen por el propio
hecho de hablar de ellas en forma jactanciosa. Cuando un creyente
dice que es fuerte, en ese mismo momento se debilita. Si el rostro
de un Moisés resplandece, él no estará consciente del resplandor.
Siempre anhelamos el crecer espiritualmente pero no nos toca a
nosotros el medir nuestro progreso.

15 DE JUNIO

*Quieto estuvo Moab desde su juventud, y sobre su sedimento
ha estado reposado, y no fue vaciado de vasija en vasija, ni
nunca estuvo en cautiverio; por tanto, quedó su sabor en
él, y su olor no se ha cambiado* (Jeremías 48:11).

El significado figurado de estas frases requiere una explicación.
En el vino que está estacionado y quieto la parte superior se torna
clara pero en la inferior queda un sedimento que si es agitado vuelve
a enturbiar todo el vino. Antes de que existieran los filtros, para

aclarar el vino se lo cambiaba cuidadosamente de una tinta a otra, pero no importaba cuanto esmero se ponía, parte del sedimento siempre se traspasaba. De manera que el proceso debía repetirse vez tras vez para eliminar el mal gusto del sedimento.

Moab, el primo natural de Israel, había escapado este tratamiento y no había sido purificado, como lo fue Israel, por el proceso de las aflicciones. Como consecuencia todavía retenía su gusto amargo. Esto nos enseña que hay un valor especial en la disciplina que nos administra el Señor cada día. La meta es lograr un sabor en nosotros, un carácter que recibe su aprobación, un deleite para su corazón.

16 DE JUNIO

Si permaneciere la obra de alguno que sobreedificó, recibirá recompensa (1 Corintios 3:14).

El significado de esta prueba de fuego (v. 13), será mejor comprendido si recordamos que las palabras «como llama de fuego» describen los ojos del Cristo resucitado (Ap. 1:14). En el juicio futuro Él escudriñará nuestra obra con la penetración de su luz, y podemos estar bien seguros que sus valores de medición son absolutos. Es por eso que debemos venir diariamente a la luz del Señor para verificar si nuestras obras son hechas en el Señor.

La manera en que agrademos al Señor haciendo su voluntad en el día de hoy, determinará si recibiremos o no la aprobación suya en el futuro. Por supuesto que el hecho de nuestra recompensa es de valor secundario, y que el propósito más alto y noble nuestro debería ser el de satisfacer el corazón del Señor. Yo creo que toda persona salvada comparte el mismo deseo de traer satisfacción al Señor. De esta forma el tribunal de Cristo se torna para nosotros en una meta que está llena de la promesa de su aprobación.

17 DE JUNIO

Doy mi parecer, como quien ha alcanzado misericordia del Señor para ser fiel (1 Corintios 7:25).

Dios no quiere que el hombre a quien Él ha creado sea una

máquina, sin libertad de elección, teniendo la obligación de obedecer perfectamente. Le sería muy fácil fabricar una máquina con tales características. Con ella no habría problema alguno para el hombre, pero tampoco habría gloria para Dios. Tal obediencia y bondad carecen completamente de valor espiritual. Puede no haber falta o pecado, pero tampoco puede así haber santidad pues la obediencia es pasiva. Dios rechaza tales cosas.

Dios no quiere un autómata; quiere un hombre con una libre voluntad. Para Dios elegir a un hombre como ministro de la Palabra constituye un riesgo. Sin embargo, a pesar de la complejidad del hombre y sus muchos problemas de pecado y debilidad, Dios confía su Palabra al hombre. A través del mayor rigor Dios obtiene su más excelsa gloria.

18 DE JUNIO

Guarda silencio ante Jehová, y espera en él (Salmo 37:7).

Una persona que está descansando en el Señor no será alterada con facilidad por las tensiones exteriores. Su fuerza interior es la que aleja sus ansiedades y problemas mentales. En cada huracán del Pacífico hay un centro. En la circunferencia el viento sopla con extrema violencia, pero el centro del huracán permanece en calma.

El Señor Jesús jamás se alteró de su habitual equilibrio por influencias exteriores. Aun en la hora crítica, cuando una banda de soldados vino para capturarlo con antorchas y armas, Él se adelantó a ellos y les preguntó a quién buscaban. Al responderle que buscaban a Jesús de Nazaret les respondió tranquilamente: «Yo soy». Ante tal respuesta retrocedieron y cayeron al suelo. Los que venían a prenderle cayeron aterrorizados mientras que las presiones exteriores no tuvieron poder para inquietarle a Él. En el centro de su ser, en el medio de la tormenta, Cristo estaba descansando en Dios.

19 DE JUNIO

¿A quien tengo yo en los cielos sino a ti? Y fuera de ti nada deseo en la tierra (Salmo 73:25).

No podemos resaltar suficientemente la importancia de amar al

Señor con todo nuestro corazón. Dios no acepta menos que esto. No está dispuesto a compartir nuestro corazón con otra persona u otra cosa. Aun cuando Él reciba la porción más grande de nuestro afecto, no estará satisfecho. Dios pide que le amemos totalmente. Dios no tolera la competencia. Nuestro todo debe estar sobre el altar. Este es el camino del cristiano para lograr el poder espiritual. Una vez que el sacrificio sea colocado sobre el altar, o mejor dicho, una vez que el último sacrificio se coloque allí, el fuego descenderá del cielo. Sin altar no habrá fuego celestial. Ni nuestra comprensión mental de la cruz de Cristo ni nuestros interminables discursos acerca de la cruz nos darán el poder del Espíritu. Esto sólo se logrará por medio de nuestra rendición total sobre el altar.

20 DE JUNIO

Transformaos por medio de la renovación de vuestro entendimiento (Romanos 12:2).

Este versículo asigna mucho énfasis a la mente. Es posible para un hijo de Dios tener una nueva vida y un nuevo corazón, pero permanecer sin una nueva mente. El corazón podrá estar lleno de amor mientras que la mente, carece de percepción de las cosas espirituales. En su estado caído el hombre tiene una mente oscurecida que está en enemistad con Dios, de manera que Dios debe cambiar su mente para impartirle nueva vida. La definición original del arrepentimiento no es otra que un «cambio de mente».

Después de la conversión podrá darse el caso de tener intenciones de corazón puras, y no obstante los pensamientos de nuestra cabeza confusos. Pueden quedar dudas intelectuales sin resolver. Si la mente de un creyente no se renueva progresivamente, la vida sufrirá un desequilibrio. Sin duda alguna, la vida es más importante que el conocimiento; sin embargo, para el crecimiento espiritual es esencial buscar el conocimiento de la verdad, y para ello nuestro modelo diario de la verdad es la Palabra de Dios.

21 DE JUNIO

Esta es la vida eterna: que te conozcan a ti, el único Dios verdadero, y a Jesucristo, a quien has enviado (Juan 17:3).

La vida eterna que obtenemos por creer no sólo está relacionada con bendiciones futuras, sino que también tiene significado para el día de hoy. Esta vida constituye ahora una introducción a Dios por medio de su Hijo Jesucristo. Sin ella, todo el ejercicio mental que podamos realizar no podrá equiparnos para conocer a Dios. Podremos razonar acerca de Él, podemos llegar a estar familiarizados con la Biblia y sus enseñanzas y aun podemos trabajar celosamente para Él en alguna esfera de servicio, pero hasta que aceptemos la vida eterna como su don, no descubriremos ni disfrutaremos un conocimiento personal de su Persona.

La fe en ideales humanos no puede ser un sustituto para el conocimiento de Dios en nuestros espíritus. Creer en el Señor Jesucristo es entrar en la vida eterna como realidad presente y por ello descubrir un conocimiento del verdadero Dios que antes jamás habíamos tenido.

22 DE JUNIO

Lejos esté de mí gloriarme, sino en la cruz de nuestro Señor Jesucristo, por quien el mundo me es crucificado a mí (Gálatas 6:14).

Cuando Dios se acerca a ti y a mí con la revelación de la obra consumada de Cristo, no sólo nos muestra que estamos crucificados con Cristo en la cruz. Él señala a nuestro mundo también. Si tú y yo no podemos escapar del juicio de la cruz, tampoco el mundo puede escapar de ese juicio. Cuando tomo conciencia de esta realidad no procuro repudiar al mundo al cual amo, sino que recuerdo que la cruz lo ha repudiado. No procuro huir de un mundo que se me apega, sino que reconozco que por medio de la cruz ya he escapado.

Permíteme preguntarte: ¿Cuál es tu profesión? ¿Eres comerciante? ¿Médico? ¿Agricultor? No huyas de estas vocaciones. La separación física del mundo no produce separación espiritual. Tampoco el contacto físico con el mundo involucra necesariamente ser capturado espiritualmente por él. El Edén era un jardín sin pared artificial para mantener a Satanás a la distancia. Dios había planeado que Adán y Eva lo «guardaran» al constituir ellos mismos una barrera moral para su acción. Hoy, por medio de Cristo, Dios propone establecer en los corazones de sus redimidos un Edén en el cual, como hecho triunfante, Satanás finalmente no pueda tener acceso moral alguno.

23 DE JUNIO

Todo los santos os saludan (2 Corintios 13:13).

Es inútil tratar de producir santos individuales. Alabemos al Señor que individuos pecadores se salvan, pero esto es para que lleguen a ser miembros del cuerpo de Cristo. Dios nunca está satisfecho con creyentes separados o individualistas. La meta divina es un Hombre y no una hueste de hombres pequeños. La cruz y la resurrección nos conducen hacia el Cuerpo.

Esto debe ser puesto en la práctica. Así como leer una guía de una ciudad no puede ser un reemplazo de una visita a la misma, y así como tener un recetario de cocina lleno de deliciosas recetas no tiene valor hasta que entremos en la cocina y comencemos a cocinar; tampoco es suficiente creer las enseñanzas acerca del cuerpo de Cristo. Es esencial aprender y practicar la santidad junto con otros creyentes. Debemos renunciar a metas puramente individuales y aprender a actuar junto con otros. Con frecuencia notaremos que esto significa no tan sólo agregar a nuestra vida aquello que es de Cristo por medio del Espíritu, sino también quitar a veces con dolor cualquier cosa que en nosotros debe ser llevado a la cruz. Sea con dolor o sin él, practiquemos la responsabilidad de nuestra membresía en el Cuerpo.

24 DE JUNIO

Los tres valientes irrumpieron por el campamento de los filisteos, y sacaron agua del pozo de Belén (2 Samuel 23:16).

Hay un aspecto del sufrimiento en la Palabra de Dios que se observa como la elección deliberada de sus hijos, para quienes el servicio al Señor es como un deseo consumidor. Esto no es algo que se les impone y que aceptan hacer con renuencia, sino algo que eligen hacer alegremente. Los hombres valientes de David no tenían necesidad de exponerse a este peligro, pero cuando le oyeron expresar su deseo arriesgaron sus vidas para brindárselo.

El creyente debiera manifestar una actitud de disposición a sufrir adversidades. Dios pondrá un límite a nuestros sufrimientos, pero no debería haber limitaciones de nuestra parte a sufrir por el testimonio y por la salvación de los hombres. Esta actitud mental hacia el sufrimiento no es una idea sentimental sino el espíritu viril de aquellos que descartan los cálculos cuidadosos y el temor paralizante de llegar a lo extremo por amor de Cristo.

25 DE JUNIO

Permaneced en mí, y yo en vosotros. Como el pámpano no puede llevar fruto por sí mismo, si no permanece en la vid, así tampoco vosotros, si no permanecéis en mí (Juan 15:4).

Permanecer significa «quedar donde estoy». No significa entrar en algo o salir de algo. No se me puede pedir que me quede en un lugar si yo no estoy allí. Cristo nunca me ordenó a que me introduzca dentro de Él. Esa no es mi tarea sino la de Dios. Yo no puedo hacerlo por más que lo intente. Él me ha colocado allí. Lo que Dios me ordena hacer es de cuidar de que no me salga de allí.

La dificultad radica en que siempre estamos proclives a permitir que Satanás nos desarraigue, y él está trabajando incesantemente para movernos de nuestra posición en Cristo. Si cedemos ante un sentir de fracaso, imaginamos que estamos fuera de Cristo, y somos propensos a considerar que de alguna manera hemos sido desplazados de nuestro lugar en Cristo. Sin embargo, aunque sintamos de una manera aguda que esto ha acontecido, nunca debemos caer en la desconfianza de Dios. Él nos asegura que estamos en Cristo. Todo lo que pide es que tanto en actitud como en acción y en fe, permanezcamos allí.

26 DE JUNIO

Vosotros sois labranza de Dios (1 Corintios 3:9).

La tendencia natural en este mundo caído es siempre la de alejarse de Dios. Consideremos un tema tan aparentemente inocente como el de la agricultura. Nadie sugeriría que en el Edén, donde estaba el árbol de la vida, la agricultura o la jardinería tenía atisbo alguno de maldad. Fue algo diseñado por Dios, pero tan pronto salió de debajo del control de la mano de Dios comenzaron a crecer cardos y espinas. El hombre quedó condenado a una interminable carga y desilusión, y un elemento de perversidad marcó el fruto de su labor. «Maldita será la tierra por tu causa.»

La liberación de Noé fue la gran acción de Dios para la recuperación en la cual la tierra tuvo una nueva función. Pero, ¡cuán rápido y trágico fue el regreso del hombre a su anterior condición! «Después comenzó Noé a labrar la tierra, y plantó una viña; y bebió del vino, y se embriagó...» (Gn. 9:20, 21). ¡Qué distinta es la Iglesia, la labranza de Dios! Por medio del poder de Dios posee un poder de vida inherente que la capacita, siempre que responda a ese poder, para moverse continuamente hacia Dios, o de volver hacia Dios si por algún motivo se descarría.

27 DE JUNIO

Dijo Dios: Hagamos al hombre a nuestra imagen conforme a nuestra semejanza; y señoree ... en toda la tierra (Génesis 1:26).

Ya en el mismo acto de la creación, Dios hace conocer su deseo de que el hombre señoree. Además, establece específicamente cual será el área de su señorío: «Toda la tierra». La atención de Dios está enfocada sobre la tierra que está destinada a ser el centro de todos los problemas.

La oración que el Senor Jesús nos enseñó también está relacionada con la tierra. «Cuando oréis, decid: Padre nuestro que estás en los cielos, santificado sea tu nombre. Venga tu reino. Hágase tu voluntad, como en el cielo, así también en la tierra» (Lc. 11:2, 3). En el griego la última frase es común a las tres cláusulas y no sólo a la última, de manera que la santificación de su nombre, la venida de su reino, y el cumplimiento de su voluntad, están involucrados por la frase: «Como en el cielo, así también en la tierra». En otras palabras, en el cielo no existen problemas; el problema está en la tierra y es por ella que Dios está contendiendo. ¿No deberíamos ejercitar el señorío del hombre, orando y reclamando esta tierra para Dios?

28 DE JUNIO

Si hay virtud alguna, si algo digno de alabanza, en esto pensad (Filipenses 4:8).

La causa de tanta pobreza de pensamiento se debe a pensar en forma extravagante. Aprendamos a conservar nuestro pensamiento y no a derrocharlo. Ejercitemos la mente, pero no agotemos su energía en cosas insignificantes. ¿Estás estudiando la Biblia? No disipes tus poderes mentales en pequeñas dificultades del texto. Cuando conocemos al mismo Autor poco importa si podemos explicar o no los problemas menores. ¿Estás ejercitado en tu vida espiritual? No desperdicies esfuerzo intelectual en problemas espirituales. Estos no se resuelven por pensar, sino por la entrada de la luz divina en la mente.

Diariamente debemos disciplinarnos en cuanto a nuestros pensamientos. No imaginemos que Dios quiere eliminar nuestro razonamiento, pero tengamos presente que Él quiere llevar «cautivo todo pensamiento a la obediencia de Cristo» (2 Co. 10:5).

29 DE JUNIO

De espíritu prudente es el hombre entendido (Proverbios 17:27).

Nuestro espíritu debe ser ferviente a la vez que prudente. El fervor está relacionado con la diligencia en nuestro servicio al Señor, mientras que la prudencia se asocia con el conocimiento. Si el creyente tan sólo recordara que Dios no puede dirigirle cuando se encuentra en un estado de alboroto, se guardaría de muchos errores.

Nunca decidas comenzar una nueva actividad o hacer algo cuando las emociones se agitan dentro de ti como un mar turbulento. En momentos de desorden emocional se cometen errores con suma facilidad. La mente es afectada con facilidad por los pensamientos, y con una mente inquieta, ¿cómo podremos distinguir entre el bien y el mal? Cuando las emociones laten con intensidad el entendimiento nos engaña fácilmente y aun la conciencia se torna poco confiable. Las decisiones que se toman en estas circunstancias con toda probabilidad nos harán lamentar. Cultivemos un espíritu prudente y de esta manera abriremos el camino para que Dios nos dé el entendimiento requerido.

30 DE JUNIO

Si hay alguna consolación en Cristo, si algún consuelo de amor ... si algún afecto entrañable, si alguna misericordia (Filipenses 2:1).

¡Qué apropiadas aparecen en este contexto las palabras «en Cristo»! Supongamos que Pablo hubiera exhortado a sus hermanos en Filipos a ser unidos en amor, en afecto entrañable y en misericordia. Ellos hubieran respondido que todo esto sería muy deseable pero que ellos jamás lo podrían lograr. Cada uno de ellos tenía sus metas, ideales e intereses. ¿Cómo se podría esperar que renunciaran a los mismos y que fueran así unidos?

Sin embargo, Pablo comenzó subrayando el poder que hay en Cristo. Fuera de Él, por supuesto serían derrotados, pero como estaban en Cristo podían extraer con libertad de sus recursos. Si no hubiera en Él consuelo de amor, afecto entrañable y misericordia, estas virtudes serían imposibles de hallar en los suyos. No obstante, en Cristo sí se encuentran y Él es para todos los suyos la fuente de nutrición espiritual para la vida que se derrama en su servicio.

1 DE JULIO

Entonces Job se levantó, y rasgó su mano, y rasuró su cabeza, y se postró en tierra y adoró (Job 1:20).

A pesar de que Dios mismo acababa de declarar que «no hay otro como él en la tierra, varón perfecto y recto» (v. 8), en el misterio de sus designios Dios permitió que Job fuera privado de todo lo que poseía. En forma casi simultánea habían llegado cuatro mensajeros con la noticia que en el lapso de ese mismo día había perdido todo lo que tenía. ¿Cómo reaccionó? Cayó postrado delante de Dios, y le adoró.

Donde hay verdadera adoración no hay lugar para quejas. Había allí un hombre tan enteramente sujeto al Señor que podía inclinarse ante todos sus designios sin vacilación. Dejemos de cuestionar la sabiduría de Dios en sus tratos para con nosotros y para con nuestros hermanos, no importa cuán desconcertantes parezcan ser. Pongamos fin a nuestras solicitudes de explicación y aceptemos con sencillez el hecho que los pensamientos de Él son más altos que los nuestros, y que sus caminos son perfectos.

2 DE JULIO

Si en verdad le habéis oído (Efesios 4:21).

Después de mi conversión me sentía insatisfecho con el sermón de Pedro en el día de Pentecostés. A mi parecer no aclaraba para nada las cosas pues nada decía acerca del plan de salvación. ¡Qué extraño que Pedro ni siquiera empleara el título de «Salvador»! Sin embargo, ¿cuál fue el resultado? Se nos dice que los presentes «se compungieron de corazón» y exclamaron: «¿Qué haremos?» (Hch. 2:37). Similarmente en la casa de Cornelio (Hch. 10), Pedro sólo habló acerca de quién era Cristo, pero no dio explicación del significado de su muerte. Sin embargo, el Espíritu Santo cayó sobre todos los que estaban congregados.

La gran debilidad en la presentación del evangelio hoy radica en que procuramos hacer entender el plan de salvación, o nos esforzamos para conducir a las personas al Señor por medio del temor del pecado y sus consecuencias. ¿Dónde hemos fracasado? Estoy seguro que el problema, es que nuestros oidores no le ven a Él. Sólo ven el «pecado» o la «salvación», mientras que su necesidad es la de ver al Señor Jesús y tocarle por fe.

3 DE JULIO

Le dieron a beber vinagre mezclado con hiel; pero después de haberlo probado, no quiso beberlo (Mateo 27:34).

Condenar a un hombre para que fuese crucificado equivalía a condenarle a una muerte de agonía. No obstante, estaba permitido ofrecerle una bebida de hiel mezclada con vino o vinagre, y sin duda, cualquier alivio de dolor era bien recibido por el condenado. Sin embargo, el caso de nuestro Señor fue una excepción. Cuando probó la bebida que le fue elevada hasta sus labios rehusó beberla. Él no buscaba algo que le aliviara su dolor.

Nosotros profesamos llevar la cruz pero, ¡con qué facilidad bebemos el vino mezclado con hiel! Tomemos conciencia que si estamos anhelando «calmantes» no estamos llevando verdaderamente la cruz de Cristo. Sólo aquellos que consideran sus pruebas como algo urticante necesitan alguna bebida calmante. ¡Cómo amamos el ser compadecidos! Tenemos una sed insaciable de recibir consuelo, buscándolo en todas partes y sintiéndonos defraudados si no lo obtenemos. Sin darnos cuenta, estamos revelando cuán poco sabemos acerca de su cruz, que involucra una aceptación gozosa de la voluntad de Dios.

4 DE JULIO

Para santificarla, habiéndola purificado en el lavamiento del agua por la palabra (Efesios 5:26).

En esta carta tenemos la revelación más elevada acerca de la Iglesia. Su característica sobresaliente es que no comienza con la salvación de los pecadores, sino con el hecho que han sido escogidos en Cristo. De esta manera, la carta a los Efesios descorre el velo sobre algo trascendente. Observamos a la Iglesia elegida en Cristo desde antes de la fundación del mundo, formada de Él mismo, y destinada a manifestar su gloria para siempre.

Efesios también nos recuerda que el pecado y la caída del hombre son hechos. Todo aquel que pertenece a Cristo posee un espíritu que es verdaderamente de Él, pero al mismo tiempo hay muchas cosas que no pertenecen a Cristo y que permanecen en nosotros. Es por ello que este versículo nos habla acerca de la actividad purificadora de Cristo en nosotros. Él quiere restaurarnos hasta que lleguemos a igualar perfectamente el eterno diseño de Dios. Sin duda alguna, Dios quiere llevarnos a la condición en la cual ya no será necesaria la limpieza, pero hoy todavía tenemos necesidad de ser limpiados.

5 DE JULIO

¿Tan necios sois? ¿Habiendo comenzado por el Espíritu, ahora vais a acabar por la carne? (Gálatas 3:3).

En su carta a los Romanos Pablo establece con claridad que el pecador depende de la gracia de Dios para su salvación. En la carta a los Gálatas nos demuestra que el creyente igualmente depende de la gracia para su continuidad en la vida cristiana. Nunca hicimos algo, ni le dimos algo a Dios a cambio de nuestra salvación, y ésta debe ser la base de nuestro andar con Él.

Dios comienza dándonos una nueva posición para que tengamos un nuevo comienzo. Si estoy en el fondo de un pozo, permaneceré allí hasta que Dios me levante y me coloque sobre una roca. Él lo hace colocándome en Cristo. Al hacerlo resuelve todo mi pasado. Además, ha colocado la vida de Cristo dentro de mí, dándome así todo lo que requiero para el presente y para el futuro. De manera que el progreso espiritual no se logra por medio de una agónica lucha, sino por mirar confiadamente a la gracia de Dios y continuar recibiendo la plenitud de Cristo.

6 DE JULIO

Los que amáis a Jehová, aborreced el mal (Salmo 97:10).

Antes de comenzar a discutir el tema de la liberación del pecado, debemos señalar una condición que deben reunir aquellos que quieren ser librados. Si bien la liberación de Dios está preparada para todos, no todos son liberados. El apóstol Pablo menciona esto en forma casi inconsciente en el capítulo 7 de Romanos. En la experiencia que él describe allí finalmente llega a la emancipación porque ha cumplido la condición de saber qué debe odiar el hombre y qué debe anhelar.

En ese pasaje leemos cómo obtiene su libertad pero también cómo se siente en su corazón antes de ser liberado. «No hago lo que quiero, sino lo que aborrezco, eso hago» (Ro. 7:15). En consecuencia, el factor vital es: ¿Amas lo que estás haciendo ahora, o lo odias? El apóstol estaba tan descontento con vivir su vida en el pecado que determinó salir de ella. Fue debido al odio que sentía hacia el pecado y su determinación de encontrar un escape, que encontró liberación en Cristo.

7 DE JULIO

Bajo la sombra del deseado me senté, y su fruto fue dulce a mi paladar (Cantar de los Cantares 2:3).

Para el verdadero creyente el amor de Cristo es todosuficiente. En él, el creyente halla descanso, protección y satisfacción. La que entona esta canción había hablado anteriormente acerca de correr hacia su amado, pero ahora exclama con gozo que ha llegado al reposo. Al igual que un árbol su sombra está sobre ella y su fruto le proporciona profunda satisfacción.

Ni el calor del mediodía puede afectar, ni la fiebre puede agotar, a aquel que recurre a Cristo buscando refugio. Al descansar bajo la siempre verde frescura del amor del Salvador encuentra deleite y una maravillosa elevación de su espíritu. Además, no sólo es protegido del fragor de las circunstancias sino que también es refrescado interiormente. Algunos árboles, aunque siempre verdes, no producen fruto, pero Cristo es el singular árbol de la vida. Simultáneamente ofrece sombra del calor abrasador, y fruto que satisface para nuestra nutrición interior.

8 DE JULIO

Desde la niñez has sabido las Sagradas Escrituras, las cuales te pueden hacer sabio para la salvación (2 Timoteo 3:15).

Una de las maneras de conducir a un niño al Señor es por medio del «culto familiar». En Génesis el tabernáculo y el altar estaban íntimamente asociados. En otras palabras, la adoración y la familia están relacionados. Es por eso que la oración familiar y la lectura de la Biblia son tan indispensables en el día de hoy. Los padres deben dirigir a sus hijos con sencillez, no sólo orando por ellos sino con ellos, enseñando a la vez a cada uno de ellos cómo orar por su cuenta.

En la reunión familiar los hijos deben recibir la mayor consideración. El culto familiar puede llegar a fracasar por ser demasiado largo o profundo. La exposición debe hacerse al nivel de los niños, y no de los padres, quienes pueden adorar y ser enseñados en la iglesia. La oración debe hacerse con palabras e ideas que puedan ser claramente entendidas. Debemos procurar atraer a los niños a Cristo, y dejar que su respuesta a Él sea espontánea. Mostrémosles que ellos son importantes para Dios.

9 DE JULIO

Señor, aquí está tu mina, la cual he tenido guardada en un pañuelo (Lucas 19:20).

Los pañuelos deberían utilizarse para limpiar el sudor producido por el trabajo. Ningún pañuelo debiera ser mal utilizado para envolver un talento. El crecimiento real y sostenido de una iglesia no depende de si los que tienen cinco o diez talentos se dedican a servir. La carga de la responsabilidad para el crecimiento está en aquellos que han recibido un talento. Si los de un talento trabajan y crecen, todo en la iglesia andará bien, pero si entierran su talento toda la iglesia se estanca.

De manera que sólo nos queda una esperanza y es que el énfasis de la responsabilidad en todas las iglesias locales debe colocarse no en aquellos que están espiritualmente calificados, sino en los menos dotados, a quienes a veces se les menoscaba. Debemos decirles que Dios aprueba el enjugar la transpiración del trabajo honesto que hacemos para Él, y que sin ese trabajo, la obra de la iglesia quedará sin hacer.

10 DE JULIO

Cristo es el todo, y en todos (Colosenses 3:11).

El cuerpo de Cristo no es el agregado de griegos, judíos, bárbaros y escitas, sino un nuevo hombre sin distingos nacionales. La siguiente historia ofrece una buena ilustración. Después de la Primera Guerra Mundial, algunos creyentes de Inglaterra fueron a Alemania para participar en una conferencia. Uno de los hermanos alemanes se levantó para presentar a los visitantes, y dijo: «Ahora que la guerra ha concluido tenemos algunos hermanos ingleses que nos visitan, a quienes extendemos una calurosa bienvenida».

Uno de los visitantes se puso de pie y respondió: «No somos hermanos ingleses sino hermanos de Inglaterra». ¡Con cuánto acierto pronunció estas palabras! Recordemos que en la misma iglesia de Jerusalén este error comenzo a tomar fuerza cuando se suscitó una disputa entre hebreos y griegos (Hch. 6). Fue una gran cosa que en Antioquía los discípulos comenzaron a llamarse cristianos, pues en la iglesia no existen ni diferencias de nacionalidad ni barreras raciales, sino que «Cristo es el todo, y en todos». ¡Esto sí que satisface!

11 DE JULIO

Cuando se cumplió el tiempo en que él había de ser recibido arriba, afirmó su rostro para ir a Jerusalén (Lucas 9:51).

Nada podía desviar a Cristo de su meta pero, sin embargo, en su camino a ella visitó muchas ciudades y pueblos enseñando. Sin desviarse de su propósito central aprovechó cada oportunidad que se le presentó por el camino. Sí, aunque la hora se acercaba en que «había de ser recibido arriba» por el Padre, el corto tiempo que quedaba entremedio estuvo lleno de provechosa actividad.

Si nosotros tenemos la esperanza de ser pronto «recibidos arriba» para encontrarnos con Él, no desperdiciemos el poco tiempo intermedio esperando ociosamente que llegue el día. Permítame hacer esta pregunta: ¿La esperanza del regreso del Señor es sólo parte de nuestro credo, o estamos aguardando positivamente su realización? ¿Qué estamos haciendo mientras tanto? ¿Estamos caminando a diario por el sendero de la cruz? ¿Estamos contando a los que encontramos por el camino la buena nueva de su salvación? ¿Estamos solos en el testimonio, o estamos llamando a otros para que trabajen con nosotros? La meta es clara, pero el camino está lleno de oportunidades si tan sólo nos proponemos hacer con diligencia todo lo que viene a nuestras manos.

12 DE JULIO

Este es mi Hijo amado. A él oíd (Marcos 9:7).

Necesitamos el Libro de Dios y necesitamos los profetas de Dios. No debemos descartar a Moisés y a Elías, ni lo que ellos representan. Pero la lección de este incidente en el monte de la transfiguración es, sin duda, que ninguno de ellos puede tomar el lugar de la Palabra viva de Dios hablada a nuestros corazones.

El reino incluye en su parte positiva un reconocimiento de la autoridad absoluta de Cristo, y en la parte negativa, un repudio de toda autoridad que no reconozca a la suya como la final. Requiere un conocimiento personal de la voluntad de Dios que involucra otras ayudas de origen divino, pero que no son en sí el fin sino un medio. En el reino hay una sola voz que debe ser oída, aunque hable por distintos medios. El cristianismo no es algo independiente de hombre y de libros; lejos de ello. Sin embargo, lo que vale en el reino es que el Hijo amado me habla en forma personal y directa, y que personal y directamente, yo *le escucho a Él*.

13 DE JULIO

Entonces la mujer de Lot miró atrás, a espaldas de él, y se volvió estatua de sal (Génesis 19:26).

Es posible que un creyente abandone exteriormente el mundo dejando todo atrás, y sin embargo, interiormente se aferre a aquellos elementos que abandonó por causa de Cristo. El solo hecho de mirar a la distancia con anhelo es prueba suficiente de lo fácil que sería el regresar y tomar nuevamente posesión de lo que un día abandonamos.

Es por eso que Jesús amonestó solemnemente a sus discípulos a que recordaran la mujer de Lot. Ella no olvidó sus antiguas posesiones aun estando en gran peligro. No se nos dice que haya dado un solo paso hacia atrás en dirección a Sodoma. Lo único que hizo fue mirar hacia atrás. Sin embargo, ¡cuánto reveló esa mirada regresiva! La pregunta clave es siempre la misma: ¿Dónde está afincado mi corazón?

14 DE JULIO

Lo que tengo te doy; en el nombre de Jesucristo de Nazaret, levántate y anda (Hechos 3:6).

¿Qué hubiéramos hecho nosotros si nos enfrentáramos con la situación de Pedro y Juan cuando este hombre cojo les rogó que le diesen limosna? Probablemente lo hubiéramos mencionado en la reunión y exhortado a que orásemos por esta persona necesitada. Los apóstoles no hicieron eso. Las palabras que hablaron fueron dirigidas al propio hombre, y fueron palabras de testimonio.

Quizás podemos sugerir que en la oración existen dos elementos. En primera instancia la oración está dirigida a Dios, pero en algunas ocasiones puede estar contenida en palabras dirigidas a una montaña, como en Marcos 11:23: «¡Quítate y échate en el mar!» Existe un tremendo poder en un testimonio dado en el Espíritu, dirigido directamente a una situación particular. El libro de los Hechos lo demuestra en forma elocuente.

15 DE JULIO

En quien vosotros también sois juntamente edificados para morada de Dios en el Espíritu (Efesios 2:22).

En una ocasión se me habló de una hermana en Cristo que era tan quieta y suave en sus modales que la calificaban de ser «muy espiritual». Yo le pregunté a mi informante: «¿Con quién es espiritual?» La respuesta fue: «Los que pueden llegar a notas tan altas en el canto encuentran a muy pocos que puedan acompañarles».

¡Era tan espiritual que nadie podía ser su compañera espiritual! Tales personas pueden servir para fines de «promoción», pero no son útiles para edificar una iglesia. La clase de creyentes que se requiere para edificar una iglesia son aquellos que pueden aceptar a un hermano detrás, otro adelante; uno debajo, y otro encima, y aun con todo permanecer espirituales. Dios no sólo planificó un despliegue de piedras preciosas; Él quiere un edificio.

16 DE JULIO

Once jornadas hay desde Horeb, camino del monte de Seir, hasta Cades-barnea (Deuteronomio 1:2).

Cades-barnea estaba a la misma entrada de la tierra de Canaán. De manera que en sólo once días desde la partida del Sinaí, los hijos de Israel podrían haber entrado en la tierra de Canaán. Sin embargo, por causa de su incredulidad deambularon en el desierto por treinta y ocho largos años hasta que finalmente sus descendientes entraron. ¡Cuántas vueltas habrán dado!

¿Cuántos días hemos malgastado nosotros en nuestra peregrinación espiritual? Me temo que demasiados. Hay problemas que se podrían haber resuelto en pocos días y que, sin embargo, quedan pendientes por años y años. Al igual que los israelitas damos vueltas en el desierto, malgastando el tiempo de Dios y el nuestro. Procuremos mantener firmes la confianza inicial en Él hasta el fin. Sus caminos son rectos. Dios nos ha prometido un reposo para que entremos en él.

I7 DE JULIO

Y se sentó el pueblo a comer y a beber, y se levantó a regocijarse (Éxodo 32:6).

Cuando Dios eligió a Israel para que fuese su pueblo, su plan era de constituirle en un reino de sacerdotes para Él. Sin embargo, en este punto de su historia estaban dedicados a adorar a un ídolo de su propia elección y diseño. Su felicidad radicaba en que podían ver a este dios que Aarón había formado con oro fundido. El Dios a cuyo conocimiento Moisés les había llevado tenía la desventaja de ser invisible, y ahora Moisés mismo tampoco podía ser visto. Les era mucho más fácil adorar al becerro de oro que tenían delante, de una forma familiar, y a plena vista.

Tenían ahora otro dios y se ocupaban en otra adoración. Mientras Dios quería que fuesen sus sacerdotes se habían trocado en sacerdotes del becerro. La actitud de independencia tan característica del hombre siempre le hace preferir a un dios de su propia fabricación. Le agrada adorar lo que puede ver y manipular. Es mucho más difícil someterse a la autoridad de su fiel e invisible Creador.

18 DE JULIO

A los que llamó, a éstos también justificó; y a los que justificó, a éstos también glorificó (Romanos 8:30).

De acuerdo a esta Escritura, todos los que han sido llamados y justificados ya han sido glorificados. La meta se ha logrado. La Iglesia ya ha llegado a la gloria. La realidad final siempre está delante de Dios. Él ve a la Iglesia completamente pura y perfecta.

El crecimiento espiritual no consiste tanto en esforzarnos hacia una meta distante y abstracta, como en ver el propósito final de Dios en el cielo, y vivir en el poder de esa realidad. El progreso espiritual viene por descubrir lo que realmente somos y no por tratar de ser lo que anhelamos llegar a ser. Al avanzar sobre la base de los eternos hechos de Dios, veremos, aquí y ahora, la manifestación progresiva de tales hechos en la vida del cristiano.

19 DE JULIO

Y reposó el día séptimo de toda la obra que hizo (Génesis 2:2).

El descanso viene después del trabajo. Sin embargo, el trabajo debe completarse a entera satisfacción antes de que pueda disfrutarse el verdadero reposo. Dios no descansó los primeros seis días, pero sí reposó el día séptimo. Durante los seis días de la creación hubo luz, aire, pasto, hierbas y árboles; estaba el sol la luna y las estrellas; hubo peces, aves, animales y reptiles. Finalmente, fue creado el hombre, y Dios reposó de su obra. Cuando Dios creó a un hombre quedó satisfecho.

«He aquí que era bueno en gran manera» (Gn. 1:31). Notemos el uso de las palabras: «He aquí». Cuando hemos adquirido un objeto con el cual estamos particularmente satisfechos, lo miramos con agrado y lo observamos detenidamente y con placer. La obra creadora de Dios en el hombre, como su obra cumbre, era tan perfecta que le trajo satisfacción. ¿Podía haber hecho algo más? Sí. Por medio de la redención, a través de Cristo, nos ha dado la promesa de compartir su reposo.

20 DE JULIO

Cumplo en mi carne lo que falta de las aflicciones de Cristo por su cuerpo, que es la iglesia (Colosenses 1:24).

La obra de Cristo como Redentor es completa, pero sus aflicciones requieren ser completadas. Cristo ha logrado la solución para la humanidad. Sin embargo, no todos los hombres saben lo que Él ha hecho. El mismo sólo predicó las buenas nuevas a aquéllos de su generación que estaban en contácto con Él. Por este motivo, nosotros debemos ir al mundo y decirle lo que Cristo ha realizado.

Cuando el apóstol Pablo habla acerca de lo que falta de las aflicciones de Cristo, se está refiriendo a sus trabajos entre los gentiles. La experiencia le había enseñado que al costo pagado por Jesús para nuestra redención, había aún otro costo que agregar, a saber: tribulaciones, dolor y vergüenza involucrados en la propagación de las buenas nuevas. Estas adversidades nunca debieran detenernos de realizar la tarea.

21 DE JULIO

Los que padecen según la voluntad de Dios, encomienden sus almas al fiel Creador, y hagan el bien (1 Pedro 4:19).

La creación del hombre fue realizada para satisfacer una necesidad de Dios. Él tenía deseos de comunión con una raza de hombres como Él y para Él. En contraste, la redención es correctiva con el fin de restaurar a Dios lo que se había perdido por el rechazo del hombre. La redención hace posible la recuperación y el cumplimiento del propósito original y eterno de la creación.

Los cristianos hemos recalcado a tal punto el don de Dios en la redención que hemos perdido de vista el propósito de la creación. La redención se relaciona con nosotros y nuestro bienestar y es por ello que la enfatizamos. La creación se relaciona con Dios y su propósito, y es por ello que reviste tanta importancia. De manera que la redención nos conduce al principio de Dios con el hombre, para estar ocupados no tan sólo con la satisfacción de nuestras necesidades, sino con el cumplimiento de los deseos de Dios. ¿No debiéramos estar dispuestos a orar, trabajar y sufrir por nuestro fiel Creador?

22 DE JULIO

Coherederas de la gracia de la vida (1 Pedro 3:7).

Dios se deleita en tener un matrimonio en que el marido y la esposa le sirven juntos. Él bendijo el ministerio unido de Aquila y Priscila, y sin duda, hizo lo mismo con el de Pedro y su esposa y Judas y la suya.

Existen tres razones básicas para el matrimonio cristiano. Las dos primeras son comunes a todos los matrimonios, a saber: para la mutua ayuda y para la institución de la vida familiar. Sin embargo, la tercera es particular a la pareja cristiana, pues puede recibir la gracia de Dios en forma conjunta. Esto demuestra claramente la importancia que revistan tales matrimonios para Dios. Ellos son una avenida especial para la manifestación de la gracia de Dios sobre la vida compartida y sobre la humanidad. El matrimonio fue instituido por Dios y no por el hombre, y seguramente ésta es una de las razones primordiales.

23 DE JULIO

Tu benignidad me ha engrandecido (2 Samuel 22:36).

Con frecuencia ocurre que cuando Dios elige un líder, su elección difiere notablemente de las ideas humanas acerca de lo que un líder debe ser. Aun el profeta Samuel había sido tan impresionado por la estatura y fuerza de Saúl que cuando tuvo que ungir a un sucesor, pensó que el hijo mayor de Isaí era el que más se adecuaba para el oficio de rey (1 S. 16:6). Sin embargo, ni Eliab ni ninguno de sus seis hermanos era el hombre aceptable a Dios, quien nunca mira a las apariencias externas sino al hombre interior. Dios afirmó que David era el hombre que Él había elegido.

¿Qué poseía David que los demás no tenían? Por sobre todas las cosas tenía un corazón que dependía de Dios. No era un corazón perfecto pues más adelante en su vida él mismo tuvo que confesar que su corazón era pecaminoso. No obstante, era muy distinto del de Saúl, pues estaba alentado por una humilde disposición de aprender. La bienaventuranza del reino de Dios está reservada para los pobres de espíritu.

24 DE JULIO

Me había sido encomendado el evangelio de la incircuncisión, como a Pedro el de la circuncisión (Gálatas 2:7).

Pablo era un siervo del Señor pero era distinto de Pedro. Nadie podría decir que Pablo no predicaba el evangelio; por supuesto que lo hacía. De otra manera hubiera sido como repudiar el trabajo pionero de Pedro y echar por tierra todo lo que él había hecho. No cometamos el error de pensar que existía un conflicto básico entre los ministerios de estos dos hombres, o que los ministerios de los siervos de Dios deben estar en conflicto. Pablo aclara, escribiendo a los gálatas, que las diferencias que existían eran geográficas y de raza, y que, en esencia, sus tareas eran complementarias, no sólo por mutuo consentimiento sino también en su valor para Dios.

Es muy bueno leer los versículos finales de la última epístola de Pedro en la cual se refiere «a la sabiduría» que le fue dada a su amado hermano Pablo. Sin duda, requirió gracia y humildad para hacerlo. ¿No necesitamos nosotros también gracia para honrarnos unos a otros de esta manera?

25 DE JULIO

No os unáis en yugo desigual con los incrédulos (2 Corintios
6:14).

Muchos piensan que esta advertencia está referida solamente al
matrimonio. Creo que incluye al matrimonio pero involucra mucho
más. Comprende toda clase de amistades y asociaciones entre
creyentes e incrédulos. Basta con leer las cinco preguntas que siguen
a la afirmación para reconocer la amplitud de la advertencia. Nos
muestran cinco contrastes que son totalmente incompatibles.

Consideremos lo desigual del yugo. Tú eres un hombre de Dios,
pero él no tiene nada de fe. Tú crees; él es incrédulo. Tú conoces a
Dios, pero él no tiene ningún conocimiento de Dios. Mientras tú
confías en el Señor para todas tus necesidades, él no tiene en quien
confiar y por ende, depende de sí mismo. Tú colocas todo lo que
tienes junto con todos tus planes en las manos del Señor, pero él
está decidido a retener todo en sus propias manos. Creer en Dios
para ti es tan natural como la respiración, pero algo absolutamente
extraño para él. Dime: ¿Qué parte tiene el creyente con el incrédulo?
(v. 15).

26 DE JULIO

*Entra en tu aposento, y cerrada la puerta, ora a tu Padre
que está en secreto* (Mateo 6:6).

La frase «en tu aposento» es figurada. De la misma manera que
las «sinagogas» y «las calles» representan lugares públicos donde
las personas estaban expuestas a los demás, «tu aposento» significa
un lugar escondido. Sin embargo, quiero señalar que podemos
encontrar un lugar escondido espiritual en la esquina de una calle, o
literalmente, dentro de una sinagoga. Podemos orar en secreto en
una calle bulliciosa o en un salón colmado de gente. ¿Por qué? Porque
un aposento es cualquier lugar donde tenemos comunión privada
con Dios, y cualquier circunstancia en que hablamos con Él sin un
despliegue consciente de nuestra oración. «Cerrada la puerta»
significa dejar al mundo afuera, y encerrarnos con Dios.

Esta clase de oración es un ejercicio de la fe. Significa que aunque nuestros sentidos nada registran, estamos orando al Padre quien está realmente atento, tomando en cuenta nuestra oración. Además, Él no sólo nos observa y escucha atentamente sino que también nos recompensará. ¿Puedes creer esto?

27 DE JULIO

Entonces conoceré como fui conocido (1 Corintios 13:12).

Cuando estemos delante del tribunal de Cristo, compareceremos en su presencia no sólo para ser juzgados, sino para que también Él nos explique ciertas cosas que ahora nos parecen totalmente inexplicables, pero que son su perfecta voluntad. En muchos casos tendremos que reconocer que cuando pensábamos tener razón, estuvimos equivocados. En otros casos, sin embargo, el Senor nos asegurará que en verdad teníamos razón, pero que Él también la tenía.

No escandalizarnos en el Señor es la forma más elevada de la disciplina y lleva consigo una bendicion especial. Hay momentos cuando nos parece que Dios no está actuando conforme a la Palabra. La realidad es que Él siempre es fiel a su Palabra y sus promesas. Ahora debemos confiar, «entonces» lo sabremos todo.

28 DE JULIO

Padres, no exasperéis a vuestros hijos, para que no se desalienten (Colosenses 3:21).

En el Nuevo Testamento encontramos más instrucción para los padres que para los hijos. Posiblemente se deba a que la tarea de ser padre es más difícil que cualquier otra. Requiere una sensibilidad que sólo Dios puede dar. La autoridad debe ser ejercida con restricción, pues su uso excesivo puede generar una resistencia endurecida. Este versículo nos enseña que padres insensibles pueden provocar a sus hijos al punto de desalentarlos.

En todo sentido el padre es más fuerte que su hijo. Puede sojuzgarlo por medio de una voluntad avasalladora o sencillamente por la fuerza física. Si se le provoca a tal punto, sólo esperará el día de liberación. Cuando llegue, se sacudirá de encima todas las restricciones y reclamará libertad absoluta en todo. En vista de esto podríamos preguntamos: ¿Qué clase de hogar era aquel que le impulsó al pródigo a decir: «Me levantaré e iré a mi Padre»?

29 DE JULIO

> *Dios enjugará toda lágrima de los ojos de ellos* (Apocalipsis 7:17).

Me deleito en gran manera en la Nueva Jerusalén, no porque tenga calles de oro puro y doce puertas de perlas, sino por la presencia del Señor y la ausencia de lágrimas. Podremos morir y descansar en Cristo, pero no sólo aguardamos la muerte sino el día en que el mundo no llorará más.

La Nueva Jerusalén viene pronto y este mundo lleno de lágrimas pasará al instante. En ese día el Señor nos dará un cuerpo de resurrección. Creo que ese cuerpo será similar al que tenemos hoy, con todos los diferentes miembros que ahora tiene, pero será un cuerpo transformado. En este cuerpo transformado faltará una cosa: las lágrimas en los ojos. El Señor ha llevado nuestro dolor para que nosotros no suframos nuevamente en el futuro. Demos gracias a Dios por la perspectiva de una eternidad sin lágrimas.

30 DE JULIO

> *¿Está alguno enfermo entre vosotros? Llame a los ancianos de la iglesia y oren por él* (Santiago 5:14).

«Y si hubiere cometido pecados, le serán perdonados.» Esta parece una clase extraña de perdón. ¿Podemos encontrar en algún otro lugar de la Biblia que si los ancianos oran por nosotros nuestros pecados serán perdonados? No. Si pecamos debemos confesarlo a Dios, y Él nos perdonará en forma directa. ¿Por qué nos aconseja Santiago a que llamemos a los ancianos para que oren y nuestros pecados sean perdonados?

Surge con claridad en las Escrituras el principio del gobierno de Dios que establece que cosechamos precisamente lo que sembramos.

Parece que Santiago al escribir contempla el caso de un hombre que puede estar sufriendo enfermedad, cosechando lo que ha sembrado. No se sabe con seguridad, pero él y los ancianos se unen para confesar y orar en la comunión del cuerpo. Al hacerlo, la mano de Dios que ejercía la disciplina es quitada, y la comunion es restaurada.

31 DE JULIO

Vestíos del Señor Jesucristo (Romanos 13:14).

Cuando vamos a visitar a alguien siempre pensamos en lo que hemos de vestir. De la misma manera, cuando alguien piensa en acercarse a Dios sabe que debe vestirse de justicia, pues sin ella no puede presentarse delante de Él. Por esta razón la justicia es un elemento esencial en la vida cnstiana.

El perdón vendría a ser como darse un baño, mientras que la justicia equivale a vestirse. Entre la gente nos vestimos de manera adecuada para presentamos en público. De la misma manera, Dios nos reviste con justicia para que andemos delante de Él. ¿Qué dice la Escritura? ¿Él nos vestirá con el ropaje de justicia de Cristo Jesús, o nos vestirá con el Señor Jesús como nuestra ropa de justicia? En efecto, lo que dijo es que debemos vestirnos con el Señor Jesucristo mismo. Así vestidos podemos presentarnos delante de Dios con confianza en todo tiempo.

1 DE AGOSTO

Juntamente con él nos resucitó, y asimismo nos hizo sentar en los lugares celestiales con Cristo Jesús (Efesios 2:6).

La redención se puede comparar a un valle entre dos cimas. Al descender de una cima y proceder a la ascensión de la otra, nos encontramos con la redención en la parte más baja del valle. El hombre ha caído y se ha apartado de Dios. La distancia entre él y el propósito eterno de Dios, representada por la línea recta imaginaria entre los dos picos se hace más y más grande. Redimir significa sencillamente impedir que el hombre descienda más bajo todavía y levantarlo.

En virtud de la venida de Cristo al mundo, de su muerte y resurrección, el hombre no tiene por qué sumergirse más. Alabado sea el Señor, la redención nos ha devuelto al lugar del propósito eterno de Dios. Lo que Dios no había logrado en la creación y lo que el hombre perdió en la caída, han sido completamente recuperados por la redención. La redención que es en Cristo Jesús nos ha restaurado a nuestro lugar designado en la economía de Dios.

2 DE AGOSTO

El lugar en que tú estás, tierra santa es (Éxodo 3:5).

El tabernáculo de Moisés tenía su marco adecuado en el desierto. Era la morada de Dios entre su pueblo peregrino, una carpa movible, nunca fija, nunca afincada en el mismo lugar. En contraste, el templo construido por Salomón para Dios en su ciudad capital de Jerusalén estaba firme e inmóvil. El uno representa a la Iglesia hoy; el otro a la Iglesia en el reino de Dios. Hoy sólo tenemos la prenda de la era venidera que está representada por el tabernáculo. En el templo era todo nuevo. Un nuevo lavacro, una nueva mesa, una nueva lámpara, un nuevo altar del incienso. Había sólo una cosa que no era nueva: el arca del testimonio. Además, todo se construyó en dimensiones mayores, pero había una cosa que no se podía agrandar y esa era el arca, el testimonio del Hijo de Dios. Él «es el mismo, ayer, y hoy, y por los siglos» (He. 13:8).

Me agrada pensar en el piso del tabernáculo que era sencillamente arena del desierto. Esta es la escena apropiada para nuestra vida peregrina delante de Dios. Es aquí donde el testimonio de Cristo debe ser llevado hoy por nosotros con pies polvorientos.

3 DE AGOSTO

Descendió el Espíritu Santo sobre él en forma corporal como paloma (Lucas 3:22).

Después del diluvio, la paloma de Noé no podía encontrar un lugar donde posarse, pero después del bautismo de Cristo la paloma del Espíritu reposó y permaneció sobre Él. Observemos que reposa sobre Él y no sobre nosotros aparte de Él. Nuestra experiencia del Espíritu Santo nos viene por medio de Cristo, pues Él es el único que ha complacido plenamente al Padre.

Sin el Señor Jesús jamás podríamos resurgir de las aguas del bautismo. Es Él quien nos lleva con seguridad a través del diluvio y nos levanta de la tumba a novedad de vida. Por nuestra propia cuenta jamás podríamos contentar al Padre, pero en Él sí somos aceptos. Asimismo, jamás podríamos ser ungidos por el Espíritu Santo a no ser que estemos por fe en Cristo, el ungido. Con Cristo como nuestra cabeza, experimentamos la unción del poder del Espíritu.

4 DE AGOSTO

Mi Dios, pues, suplirá todo lo que os falta conforme a sus riquezas en gloria en Cristo Jesus (Filipenses 4:19).

Si un hombre puede confiar en Dios podrá salir y trabajar para Él. De lo contrario, es mejor que se quede en su casa pues carece de la calificación básica para la tarea. Generalmente prevalece la idea que si un obrero cristiano tiene una entrada fija adecuada, puede estar más tranquilo para realizar su trabajo, y que en consecuencia, lo hará mejor. La verdad es que en el trabajo espiritual la ausencia de un ingreso fijo nos conduce a una comunión más íntima con Dios, a la necesidad de una clara revelación de su voluntad y una dependencia directa en el apoyo divino.

Dios desea que sus siervos se apoyen solamente en Él para sus necesidades económicas, para que caminen en estrecha comunión con Él y aprendan a confiar continuamente en Él. Un ingreso fijo no fomenta la confianza en Dios y la comunión con Él. La dependencia absoluta en Dios para suplir sus necesidades sí lo hace.

5 DE AGOSTO

La tierra en que estás acostado te la daré a ti y a tu descendencia (Génesis 28:13).

Notemos lo que Dios le dice a Jacob. No nos sorprendería si le hubiera dicho estas palabras al final de su vida, pero el hecho es que fueron pronunciadas al principio. Toda la bendición le es presentada cuando aún se encuentra en su estado natural, astuto, especulativo y egoísta. ¿Cómo es posible esto?

Con seguridad sólo porque Dios se conocía a sí mismo. Él tenía plena confianza en su capacidad para transformar a este hombre. Sabía que Jacob, en sus manos, tarde o temprano llegaría a ser un vaso para su honra. «Te la *daré*». Nada tenía que hacer Jacob. ¡Qué notable que Dios sea un Dios de tal confianza! Sus expectativas se basan en sí mismo, y nunca en nosotros. ¡Oh que aprendamos que nuestro Dios es un Dios invencible!

6 DE AGOSTO

Ciertamente el obedecer es mejor que los sacrificios, y el prestar atención que la grosura de los carneros (1 Samuel 15:22).

La mayor demanda de Dios para con el hombre no es llevar la cruz, servirle, presentar sacrificios, o negarse a sí mismo.

Los sacrificios ofrecidos por Saúl son llamados, en el libro de Levítico, ofrendas de olor grato (Lv. 1:9, 13, 17). Estos nada tenían que ver con el pecado pues las ofrendas por el pecado nunca se describen como de olor grato para el Señor. Estas ofrendas eran presentadas a Dios para su aceptación y satisfacción. ¿Por qué, entonces, insistió Samuel en que hubiera sido mejor obedecer que ofrecerlos? La respuesta es que, tal como la historia lo relata, aun en un sacrificio puede haber un elemento de voluntad propia, y eso jamás podrá honrar y agradar a Dios. Sólo la obediencia le honra en forma absoluta, pues ella constituye a la voluntad de Dios como su único centro.

7 DE AGOSTO

No puede el Hijo hacer nada por sí mismo, sino lo que ve hacer al Padre (Juan 5:19).

Al igual que nuestro Señor Jesús nosotros debemos escuchar y esperar antes de hablar o actuar para Él. Sólo los que viven en la presencia de Dios y aprenden de Él están calificados para hablar por Él. Me permito decir con franqueza a mis consiervos que la falla de hoy en muchos de nosotros es que somos demasiado osados, o demasiado estrictos, o demasiado imperiosos. Nos atrevemos a hablar lo que Dios no nos ha dicho. ¿Con qué autoridad hablamos cuando así lo hacemos? ¿Quién nos concede esta autoridad? ¿En qué somos superiores a nuestros hermanos y hermanas?

La autoridad sólo pertenece a Dios, y nadie más la posee. El hombre que ha de ejercitar la autoridad que Dios le delega, debe primero vivir en su presencia, tener comunión constante con Él, y estudiar para conocer su mente. Entonces, al ver que no es su autoridad sino la del Señor que él ejercita, otros serán enriquecidos y no aplastados por sus declaraciones.

8 DE AGOSTO

Doy gracias al que me fortaleció ... poniéndome en el ministerio (1 Timoteo 1:12).

Antiguamente sólo los que pertenecían a la casa de Aarón eran designados para el servicio de Dios. Cualquier otro que se entrometía era cortado inmediatamente del pueblo de Israel. Hoy también sólo los que pertenecen a una familia pueden ser consagrados a su servicio, pero, gracias a Dios, si creemos en Cristo ya pertenecemos a esa familia.

Una cosa es evidente y es que no son los hombres los que eligen consagrarse a Dios. Es Dios quien los elige apartándolos para sí. Aquellos que creen que están haciéndole un favor a Dios al dejar todo para servirle, poco saben acerca de la verdadera consagración. Somos elegidos para tener el honor de servir a Dios. Eso es lo que significa consagración. Dado que somos elegidos lo que traerá satisfacción interior no es un sentir de estar haciendo un sacrificio, sino un verdadero sentir de privilegio glorioso.

9 DE AGOSTO

Toda potestad me es dada en el cielo y en la tierra. Por tanto, id... (Mateo 28:18, 19).

En este gran mundo hay por lo menos un grupo de personas que por medio de su sujeción a Él mantienen la autoridad de Dios. Aunque las naciones rujan en actitud desafiante hacia Él, la Iglesia es el único cuerpo que proclama su autoridad a los principados y las potestades en lugares celestiales. La Iglesia no sólo está en la tierra para predicar el evangelio y crecer en el conocimiento de Cristo; también está aquí para manifestar el gobierno soberano de Dios.

La Iglesia es precisamente lo opuesto de las naciones. Mientras ellas toman juntas consejo contra Dios y su Ungido diciendo: «Rompamos sus ligaduras y echemos de nosotros sus cuerdas» (Sal. 2:3), la Iglesia con gozo proclama que está dispuesta a tomar su yugo y aprender a obedecerle. Para la Iglesia, obedecer a Dios es su misma vida. ¿Puedo decir yo lo mismo?

10 DE AGOSTO

El amor de Cristo nos constriñe (2 Corintios 5:14).

Ser constreñido significa ser tenido en forma apretada, o estar rodeado de manera que no podemos escapar. Cuando uno es movido por el amor experimenta esta sensación. El amor le sujeta.

Por lo tanto, el amor es la base de la consagración. Nadie puede consagrarse a Dios sin antes sentir una sensación del compulsivo amor de Cristo. Es inútil hablar acerca de la consagración si no conocemos este amor, pero una vez que lo conocemos nuestra dedicación a Él es la lógica consecuencia. El Señor amó a los pecadores lo suficiente como para comprarnos de nuevo para sí al costo de su vida. Cuando el amor que constriñe es de esta magnitud, ¿podrá ser sólo parcial nuestra correspondencia y nuestra entrega a Él?

11 DE AGOSTO

El fruto del Espíritu es ... templanza (Gálatas 5:22, 23).

El fin de esta lista, y por ende la cúspide del andar espiritual de un creyente, es la templanza o el dominio propio. Lo que generalmente se dice con respecto al gobierno del Espíritu Santo en nuestras vidas no significa que controla directamente una parte de nuestro ser. Este malentendido ha seducido a muchos a caer en la pasividad, o peor aún, en la decepción cuyo fin es la desesperación. Si llegamos a comprender que el Espíritu nos quiere guiar a una experiencia de dominio propio, entraremos en la senda del progreso en la vida espiritual.

El Espíritu Santo gobierna a los creyentes por medio de la renovación de sus voluntades. La meta de Dios en la creación era tener a un hombre con una voluntad perfectamente libre, y su propósito en la redención es el mismo. El creyente no está obligado a obedecer a Dios en forma mecánica, pero sí tiene el privilegio de cumplir los deseos de Dios voluntaria y activamente. Estamos en completa libertad de elegir o rechazar los distintos preceptos del Nuevo Testamento relacionados con la vida y la piedad. No tendrían ningún valor si Dios aniquilara la operación de nuestras propias voluntades. La elección es nuestra: ¿carne o Espíritu? El fruto del Espíritu es dominio propio.

12 DE AGOSTO

Niéguese a sí mismo, tome su cruz cada día, y sígame (Lucas 9:23)

En la Biblia se dice que estamos crucificados con Cristo, pero nunca con relación al pecado. La liberación del pecado y sus consecuencias es un hecho concluido para nosotros. El hombre no requiere hacer nada para lograrlo porque no puede. Sólo debe aceptar por la fe que la obra de Cristo en la cruz fue consumada para cosechar los beneficios que esa muerte le ofrece.

Lo que la Biblia dice es que debemos tomar la cruz, en el sentido de negarnos a nosotros mismos, y que ésta debe ser nuestra actitud constante. El Señor Jesús nos instruye en varias instancias a que le sigamos en este sentido. La razón es que Dios procede con nuestros «pecados» y con nuestros «egos» en dos maneras distintas. Para vencer al pecado el creyente sólo requiere un momento; para negar su «ego» le hará falta toda una vida. El Señor Jesús llevó nuestros pecados en la cruz sólo una vez, pero a través de toda su vida se negó a sí mismo. La misma experiencia tendremos nosotros. La negación de uno mismo responde a una larga asociación con Él. Nosotros le seguimos cada día.

13 DE AGOSTO

Os escribí con muchas lágrimas (2 Corintios 2:4).

Sabemos que la primera carta a los Corintios fue escrita por Pablo después de recibir un mensaje de la casa de Cloé, que relataba la delicada condición de la iglesia allí. En dicha carta les reprendió con lenguaje enérgico por sus muchos errores. Ahora nos dice que la carta fue escrita con mucha angustia de corazón y con muchas lágrimas. Una cosa que surge con claridad de este texto es que si queremos que nuestras palabras hagan un impacto en nuestros oyentes, tendremos primero que sentir dolor nosotros. A no ser que hayamos sido primero heridos por el filo de la Palabra de Dios, esas filigranadas palabras nuestras no tendrán impacto en nuestros oyentes. Tú mismo tendrás que sufrir primero y profundamente si es que eres llamado a decir cosas que han de herir para luego sanar. Es muy fácil senalar las faltas de otros, pero ¡qué difícil es hacerlo con lágrimas!

14 DE AGOSTO

No que seamos competentes por nosotros mismos para pensar algo como de nosotros mismos, sino que nuestra competencia proviene de Dios (2 Corintios 3:5).

Dios tiene su obra. No es tuya ni mía, ni de esta misión o de aquella iglesia. Es su propia obra. Pablo expresó una vez su anhelo de echar mano de aquella tarea para la cual él mismo había sido alcanzado por Jesucristo. Podemos concluir de esto que el Señor tiene un propósito específico en tomarnos a cada uno de nosotros, y es ese propósito y no otro el que anhelamos cumplir. Él nos toma a su cargo para que nosotros, a la vez, cooperemos activamente con Él en su obra.

Sin embargo, sigue siendo cierto que no podemos por nuestra propia cuenta hacer una obra que es entera y absolutamente suya. Participamos como sus colaboradores. Por una parte reconocemos que ni siquiera podemos levantar el dedo pequeño para realizar el propósito de Dios. Por la otra, se nos ha confiado la responsabilidad de ser colaboradores con Él. Esta paradoja nos hace depender totalmente en la suficiencia del Espíritu Santo.

15 DE AGOSTO

Bienaventurado eres, Simón, hijo de Jonás, porque no te lo reveló carne ni sangre, sino mi Padre (Mateo 16:17).

Quizás nos parezca extraño que en este caso el Señor se dirija a Pedro como «hijo de Jonás». ¿Qué importancia tenía el padre humano de Pedro en esta ocasión? Fue el Padre celestial quien le reveló a Pedro quién era Jesús. La luz que había recibido con tanta claridad no era el resultado de instrucción o penetración humana. Al menos en este asunto la paternidad terrenal de Pedro no parece tener importancia alguna.

El único propósito que puede haber tenido el Señor es el de señalar a Pedro de una manera especialmente individual. Este Simón, el hijo de Jonás y no otro, era aquél sobre quien había amanecido la iluminación divina. Tal revelación de Cristo a nuestros corazones siempre es intensamente personal. La Iglesia no es una compañía de personas que se copian o piden prestado de otros sino, más bien, de seres quienes como Pedro han tenido una experiencia personal de parte del Padre celestial.

16 DE AGOSTO

Porque yo Jehová soy tu Dios, quien te sostiene de tu mano derecha, y te dice: No temas (Isaías 41:13).

Conocer a Dios por medio de una relación íntima como nuestro Padre quien suple nuestras necesidades es una cosa. Conocerle como el Padre eterno, la Fuente y el Originador de todo, es algo más. Debemos aprender que nada puede impedir a Dios y nada le puede ayudar. Él es todopoderoso.

Antes de que Él nos provea con los dones de su gracia, nuestras manos están vacías. Cuando su gracia llega a nuestra vida nuestras manos se llenan y nuestros corazones rebozan de alabanza. Luego llega el día en que Dios nos extiende la mano para estrechar la nuestra en amistad. Entonces necesitamos una mano vacía para colocar en la suya. La pregunta que surge es: ¿Tenemos una mano vacía? ¿Qué ocurrió con los dones que recibimos de Él? ¿Los abrigamos y retenemos tan sólo para nuestro propio beneficio? ¿Están nuestras manos tan ocupadas en recibir nuestro pan cotidiano que no podemos extenderle una mano a Él? Dejemos los dones y las experiencias en su debido lugar, pero estrechemos la mano de Dios. Ellos son prescindibles pero Dios es indispensable.

17 DE AGOSTO

A ella se le ha concedido que se vista de lino fino, limpio y resplandeciente (Apocalipsis 19:8).

Nada tenemos de qué jactarnos. Por afuera y por adentro nada hay que sea completamente puro. Cuanto más nos conocemos, más nos damos cuenta cuán viles somos. Nuestras mejores obras y nuestras mejores intenciones están entremezcladas con la impureza. Sin la limpieza de la sangre nos es imposible obtener la blancura interior.

Sin embargo, las vestimentas que aquí se mencionan no son sólo blancas sino resplandecientes. La blancura sola tiene la tendencia a opacarse, a tornarse pálida y ordinaria. Así es posible que seamos buenos pero que nos falte el lustre divino. El deseo de Dios para nosotros es que seamos puros y brillantes. En las Escrituras encontramos que con frecuencia la tribulación y la gloria están ligadas. Fue por el sufrimiento de la muerte que Jesús fue coronado con gloria y honra. No debemos por tanto temer la aflicción. Son los días de dificultad los que nos hacen resplandecer.

18 DE AGOSTO

Así también se ataviaban en otro tiempo aquellas santas mujeres que esperaban en Dios (1 Pedro 3:5).

A no ser que esté equivocado, éste es el único lugar de la Biblia donde se habla de «santas mujeres», aunque la expresión «santos hombres» se emplea con frecuencia. Es una referencia notable porque llama la atención a lo que es de gran estima ante los ojos de Dios. ¿Por qué será tan valioso delante de Dios este adorno de un espíritu afable y apacible? Sin duda porque su hermosura es la hermosura de Jesús.

Es impropio que una mujer esté hermosamente vestida y al mismo tiempo despliegue un terrible mal genio. El apóstol no está sugiriendo que ninguna mujer creyente se vista en forma desaliñada o negligente, pero con acierto señala que la más valiosa de todas las bellezas es la del carácter. Lo más importante de esta belleza es que viste bien porque es incorruptible.

19 DE AGOSTO

He aquí, tú Rey viene a ti, manso, y sentado sobre una asna (Mateo 21:5).

El Señor Jesús nos exhorta a ser mansos. ¡Cuán manso era Él. Para demostrar que su reino está fundado sobre la humildad y no sobre la arrogancia eligió entrar en la ciudad sentado sobre una asna. Durante su vida terrenal las personas podían acercarse a Él y hablar con Él con facilidad. Así debiera ser con nosotros. El creyente no debe ser una persona reservada y aislada sino accesible en sus relaciones personales.

Tener una disposición mansa equivale a tener control de sí mismo, y así no perderemos el buen genio. La bondad es la más delicada de las emociones humanas, mientras que la rudeza y el mal genio son las peores demostraciones del carácter. El Hijo de Dios nunca fue tosco en sus modales. No demostró arrogancia ni buscó los lugares de privilegio y reconocimiento en las altas esferas. Vivió humildemente sobre la tierra, y la voluntad de Dios es que nosotros hagamos lo mismo, siguiendo a nuestro humilde Señor en su senda de mansedumbre.

20 DE AGOSTO

Ahora es el juicio de este mundo (Juan 12:31).

Cuando en el Nuevo Testamento se emplea la palabra *cosmos* para referirse al mundo, no sólo se refiere al mundo material y a sus habitantes, sino también a asuntos mundanos; toda la variedad de bienes del mundo, dotes, riquezas, ventajas y placeres, que aunque huecos y transitorios, despiertan nuestros apetitos y nos seducen alejándonos de Dios. Desde el día en que Adán abrió la puerta para que el principio del mal entrara en la creación de Dios, el mundo y su administración se ha demostrado hostil hacia Dios.

Cuando Jesús afirma que la sentencia de juicio ha sido declarada sobre este mundo, no quiere decir que el mundo material, o sus habitantes ya han sido juzgados. Para ellos el juicio todavía está pendiente. Lo que aquí dice que ya ha sido juzgado es la institución, ese orden armónico cuyo originador y director es Satanás. De esta manera las Escrituras dan profundidad a nuestra comprensión del mundo que nos rodea. En realidad, a no ser que reconozcamos que los poderes invisibles que están detrás de los acontecimientos son satánicos, seremos seducidos fácilmente por ellos.

21 DE AGOSTO

En trabajo y fatiga, en muchos desvelos, en hambre y sed
(2 Corintios 11:27).

Aquí está hablando un verdadero hombre de Dios. El reino de Dios sufre por el comportamiento negligente de supuestos creyentes «espirituales» que sólo están ocupados con el estudio bíblico y la oración para atender solamente a sus propias necesidades espirituales. El hijo de Dios debe confiar en Él para que provea sus necesidades tanto físicas como espirituales, y mientras tanto dedicarse a la tarea que Dios le ha dado para que cumpla.

La vida espiritual es dada para realizar trabajo espiritual. Su secreto radica en el continuo fluir de esa vida hacia otros. Deberíamos estar dispuestos aun a pasar hambre a fin de cumplir lo que Dios nos ha encomendado, y quedar satisfechos con el hecho que nuestra comida espiritual consiste sencillamente en hacer su voluntad. Sólo tendremos escasez si estamos ocupados con nosotros mismos. El que está ocupado en los negocios de su Padre estará perpetuamente satisfecho.

22 DE AGOSTO

Luchó con él un varón hasta que rayaba el alba (Génesis 32:24).

No fue Jacob quien luchó sino Dios que vino a luchar con él para lograr su rendición total. El objeto de la lucha es la de doblegar al adversario hasta que no pueda moverse, y así se rinde al vencedor. Jacob había demostrado ser superior a otros, pero con Dios no pudo y fue Él el conquistador. Cuando Jacob no quería rendirse Dios le «tocó». Con un solo toque hizo lo que la mucha fuerza no podía hacer.

El encaje del muslo es la parte más fuerte del cuerpo, y es una buena figura de nuestra fuerza natural. Tu punto fuerte y el mío pueden ser muy distintos del de Jacob. La ambición, la jactancia, o la propia estima, cada uno tiene el suyo y para cada uno esa obra de «descoyuntar» es una experiencia de crisis definitiva. Lo que ocurrió aparentaba ser una derrota para Jacob, pero *Dios* dijo que él había vencido. Esto es lo que ocurre cuando nos rendimos derrotados a los pies de Dios.

23 DE AGOSTO

Venid a mí todos los que estáis trabajados y cargados, y yo os haré descansar (Mateo 11:28).

¿Cómo nos proporciona descanso el Señor Jesús? Es como si se pusiera delante nuestro para que le veamos, y nos dijera: «Yo soy manso». Mansedumbre significa flexibilidad. El que es manso puede decir que sólo tendrá lo que Dios quiere que él tenga. Poseer una cosa o no poseerla, no adquiere importancia. Lo que importa es que la decisión sea del Señor. Teniendo esa cosa en la voluntad de Dios puede cantar alegremente: ¡Aleluya! Pero si en la voluntad de Dios no la llega a tener, también puede cantar.

La mansedumbre significa que nuestras decisiones están sujetas a cambios por parte de Dios. ¿Tiene Dios libertad para cambiar tu opinión? Has dicho que Dios te ama. ¿Te quejarás entonces si no te concede lo que pides? ¿Puedes cantar «aleluya» en cualquier caso? Un hombre es manso cuando está dispuesto a cualquier cambio que Dios dispone. Estará dispuesto a cualquier renovación de su mente que Dios quiere realizar. Tales personas disfrutan descanso perfecto.

24 DE AGOSTO

Amados, amémonos unos a otros, porque el amor es de Dios (1 Juan 4:7).

La vida interior de los hijos de Dios es tan rica que les es posible amar a todos sus hermanos y hermanas en Cristo. Tal amor es el fruto espontáneo del Espíritu de Dios. No hay diferencia entre amar a un hermano y amar a todos los hermanos pues es el mismo amor que se manifiesta a uno o a todos. A él lo amamos sencillamente porque es nuestro hermano; a ellos por exactamente la misma razón. El número de personas no tiene importancia pues el amor que se expresa es el amor de «Dios». Amor fraternal es amor a todos los hermanos.

Tengamos cuidado de no actuar de tal manera que violemos ese amor. No permitas que tu amor fraternal disminuya porque hayas sido herido. Esto sólo tendrá tristes consecuencias. Dios nos ha puesto en contacto con muchos hermanos y hermanas aquí y ahora, para que sean los blancos de nuestro amor. Ellos nos dan la oportunidad de demostrar, en términos concretos y costosos, nuestro amor hacia Dios. Nunca te jactes de tu amor hacia Dios; sólo aprende a demostrarlo amando a los hermanos.

25 DE AGOSTO

Nosotros sabemos que hemos pasado de muerte a vida, en que amamos a los hermanos (1 Juan 3:14).

Muchos creyentes defienden con lealtad lo que es correcto, pero con la dureza de su actitud ofenden y olvidan el amor. Se han tornado obsesivos en cuanto a la justicia, pero deficientes en cuanto a la caridad. Es verdad que como cristianos jamás debemos transigir acerca de la justicia de Dios, pero al mismo tiempo, no debemos reñir con otros.

Los hombres y las mujeres son ganados por el amor. En tus contactos con las personas no las ofendas. Ciertamente es necesario obedecer a Dios y sus mandamientos pero esto no debe llevarnos a herir u ofender a nuestro semejante por nuestras palabras o actitudes. La dura inflexibilidad debe ceder paso a la mansedumbre y la gentileza. De esta manera muchos serán atraidos al Señor. La dureza aleja a las almas; el amor las atrae.

26 DE AGOSTO

Dijo Samuel: Aunque eras pequeño en tus propios ojos, ¿no has sido hecho jefe de las tribus de Israel? (1 Samuel 5:17).

Fue sólo la insistencia del pueblo de Israel demandando un rey que llevó a Saúl al trono. Era alto y de físico impresionante, el tipo de hombre que sería fácilmente aceptable a la mayoría. A pesar de la dudosa base de su posición, Dios le entregó toda clase de facilidades, prosperándole y bendiciéndole.

Sin embargo, Saúl debía ser probado y sin duda, uno de los medios más eficaces para probar el calibre espiritual de un hombre es la prosperidad, especialmente cuando es visible a todos. El hombre que había sido tan ayudado por Dios debería ser el más humilde de los hombres, pero a veces ocurre exactamente lo contrario. Así fue en el caso de Saúl. Fracasó en fe y en obediencia, pero fundamentalmente su fracaso se debió a engreimiento. En la adversidad había sido humilde pero su prosperidad le condujo a la impaciencia, la presunción y a una detestable envidia. ¡Qué el Señor nos mantenga pequeños a nuestros propios ojos!

27 DE AGOSTO

Nunca la profecía fue traída por voluntad humana, sino que los santos hombres de Dios hablaron siendo inspirados por el Espíritu Santo (2 Pedro 1:21).

¿Has notado cómo ciertas palabras, figuras e imágenes que Pablo empleó constantemente no fueron utilizadas por Pedro, Mateo o Juan? ¿Has observado que Lucas estructuró su evangelio de una manera distinta a la de Marcos? ¿Has notado cómo en el primero se destaca constantemente una nota de compasión, mientras que en el otro lo que sobresale es un sentido de urgencia? En cada libro el autor deja impresa su marca personal e indeleble, y sin embargo, cada uno de ellos es la Palabra de Dios.

Cobremos ánimo con esta verdad. Si Dios quería podía utilizar a un asno, y en efecto, así lo hizo para hablarle a Balaam. Sin embargo, el asno sólo habló cuando Dios puso las palabras en su boca, y cuando Dios siguió adelante con sus propósitos sólo quedó atrás un asno. Démosle gracias al Señor que nos ha elegido para que comprendamos su Palabra y para que la vivamos, y aun le demos nuestro propio énfasis personal cuando en debilidad, temor y mucho temblor, somos llamados a comunicarla para Él.

28 DE AGOSTO

La paz os dejo, mi paz os doy (Juan 14:27).

Dios tiene en sí mismo una paz imperturbable. Pablo nos dice que esa paz de Dios es la que guarda, como un centinela, nuestros corazones y nuestros entendimientos. El verbo «guardar» allí significa que el enemigo tiene que luchar con la guardia armada antes de que pueda atacarme a mí. Antes de que yo sea tocado tendrá que ser vencida la guardia. Puedo entonces atreverme a disfrutar tanta paz como Dios, pues la misma paz que guarda a Dios me guarda a mí.

Recordemos la noche anterior a la pasión del Señor. Todo parecía salir mal. Un amigo salió a la oscuridad de la noche para traicionarle. Otro sacó su espada y la empleó con ira. Otros huían o se escondían para no aparecer complicados con Él. En medio de todo esto Jesús les dijo a los que venían para arrestarlo: «Yo soy», y lo dijo en forma tan pacífica que en lugar de estar nervioso, fueron ellos que temblaron y cayeron de espaldas. No nos sorprenda, entonces, que Pablo describa a esta paz como algo que sobrepasa todo entendimiento (Fil. 4:7).

29 DE AGOSTO

Echa sobre Jehová tu carga, y él te sustentará (Salmo 55:22).

¿Has observado alguna vez a obreros de la construcción trabajando en un edificio a distintos niveles de andamios, pasando los ladrillos del nivel inferior al andamio de arriba y de allí al siguiente? El trabajo avanza mientras cada ladrillo al llegar a un nivel es descargado y luego pasado al nivel siguiente. ¿Qué ocurriría si uno de los obreros del nivel intermedio no entregara sus ladrillos y al mismo tiempo le fuera alcanzada otra fila? ¿Qué si el hombre del nivel superior se negara a recibir su carga de ladrillos? El pobre hombre del nivel medio sería aplastado por la carga de ladrillos.

Eso es precisamente lo que nos ocurre en la esfera invisible. Cuando el primer problema nos alcanza fracasamos en no mandarlo «hacia arriba», y pronto nos sentimos presionados y oprimidos. Luego viene un segundo problema y un tercer problema y paulatinamente nos debilitamos hasta que finalmente quedamos aplastados bajo la carga. El remedio es tan sencillo. Tan pronto como una ansiedad nos amenace debemos pasaría de inmediato «hacia arriba».

30 DE AGOSTO

Así que, yo de esta manera corro, no como a la ventura (1 Corintios 9:26).

El Señor, quien es el Creador de nuestros cuerpos, sin duda los ha dotado de muchos impulsos legítimos, pero recordemos que hizo nuestro cuerpo para que fuera nuestro siervo y no nuestro amo. Hasta que este punto no quede bien definido en nuestras mentes no podremos servir al Señor como debemos. Pablo nos advirtió que no todos los que corren la carrera ganan el premio. Es por ello que destaca la necesidad de autodisciplina de parte de cada competidor.

Si en la vida diaria y ordinaria el cuerpo del obrero cristiano no ha sido enseñado a conocer y obedecer a su amo, ¿cómo podemos esperar que responda a las demandas extraordinarias que a veces debe enfrentar por causa de la obra del Señor? Pablo no era un asceta. Él no enseñó, como algunos lo hacen, que el cuerpo es un estorbo. Por el contrario, nos dice que el cuerpo del creyente es la morada del Espíritu Santo. Sin embargo, como mensajero del evangelio está convencido del valor del entrenamiento y la autodisciplina, si es que la meta se ha de alcanzar.

31 DE AGOSTO

Por tanto, dejando ya los rudimentos de la doctrina de Cristo, vamos adelante a la perfección (Hebreos 6:1).

En la vida cristiana hay algunas verdades que son fundamentales. Un fundamento sólo se debe colocar una vez, pero debe hacerse con firmeza. En consecuencia, los principios fundamentales son muy importantes.

Existe un error moderno entre los creyentes que es bastante distinto del error en que incurrieron los hebreos del siglo primero. Ellos, habiendo colocado el cimiento, estaban girando constantemente alrededor del fundamento sin avanzar para nada. Nuestro peligro es más bien el de querer avanzar sin haber echado el buen cimiento. Hoy día muchos quieren moverse demasiado rápido, avanzar velozmente antes de que el fundamento esté bien consolidado. En tales casos nuestro deber es señalarles a Cristo quien es la «piedra probada, angular, preciosa, de cimiento estable» (Is. 28:16). Los apóstoles tenían que persuadir a los creyentes a avanzar mientras que nosotros quizás tengamos que inducirles a que regresen al fundamento.

1 DE SEPTIEMBRE

Habían consagrado de las guerras y de los botines, para reparar la casa de Jehová (1 Crónicas 26:27).

Hay creyentes cuya experiencia e historia con Dios contribuyen de una manera inmensa al enriquecimiento de su pueblo. Muchas enfermedades de los hijos de Dios son para la salud de la iglesia. Muchos sufrimientos, dificultades y frustraciones traen gran crecimiento.

Una hermana en Cristo había estado postrada en su lecho por cuarenta anos y además, treinta y cinco de esos anos había estado aislada por la sordera. En cierta oportunidad le dijo a un siervo de Dios que la visitaba: «Antes, cuando estaba bien, era muy activa corriendo de un lado para otro, haciendo muchas cosas pero no ayudaba para nada en las necesidades de oración que tenía la iglesia. Luego todo cambió. Durante estos cuarenta años he podido ocuparme diariamente en la tarea de la oración. No tengo nada que lamentar.» El dolor y las limitaciones la habían engrandecido y enriquecido, y su riqueza había alimentado con salud a la iglesia. ¡Cuántos otros hay en condiciones y ministerios semejantes! Demos gracias a Dios por ellos.

2 DE SEPTIEMBRE

Jesús le dijo: ¡María! Volviéndose ella le dijo: ¡Raboni! (que quiere decir, Maestro) (Juan 20:16).

La vida puede ser muy abrumadora cuando no vemos un futuro y sólo estamos conscientes de amarga tristeza. Hay algunas penas que no pueden ser compartidas con nadie. Así fue la experiencia de María quien quedó llorando a la puerta de la tumba vacía. Si nosotros tenemos algo por lo cual llorar cuánto más ella que había perdido y no podía encontrar a su Señor. Al venir a la tumba esperaba encontrarse con un cadáver, pero ahora ni siquiera eso había hallado.

¿Qué fue lo que enjugó sus lágrimas y desvaneció todas sus tristezas? ¿Qué ocurrió? Fue sólo una voz que decía: «María», pero era la voz del Maestro, y era *su nombre* el que pronunciaba. Después de esto poco importaba lo demás. Lo mismo ocurre con nosotros. Cuando estamos en la encrucijada y no vislumbramos liberación alguna, basta con sólo oír la voz del Señor pronunciando nuestro nombre. Entonces todo estará bien. No habrá más que arrodillarse y adorarle a Él.

3 DE SEPTIEMBRE

¿Por qué no obedeceremos mucho mejor al Padre de los espíritus, y viviremos? (Hebreos 12:9).

No pienses que las dificultades que enfrentas son accidentales. No las consideremos como meros incidentes de la vida. Debemos tomar conciencia que estas cosas están ordenadas diariamente para nosotros por Dios. Son su medida de disciplina de amor. Una vez presencié una escena que puede servir de ilustración. Vi a cinco o seis niños jugando en un jardín. Todos estaban cubiertos de barro. Una madre vino y le tironeó las orejas a tres de ellos prohibiéndoles que continuaran con el juego. Un niño preguntó: «¿Por qué no les castiga a los otros niños también?» Ella respondió: «Porque no son mis hijos».

Sería muy triste si Dios no te disciplinara. Todos los hijos son disciplinados y tú no debieras ser la excepción.

4 DE SEPTIEMBRE

Os convertisteis de los ídolos a Dios, para servir al Dios vivo y verdadero, y esperar de los cielos a su Hijo (1 Tesalonicenses 1:9 y 10).

Muchos estudiantes de profecía no saben realmente cómo esperar el regreso del Señor. Conocí a una misionera que verdaderamente esperaba su venida. Recuerdo como en el último día del año 1925, orando con ella dijo: «Oh, Senor, ¿es que dejarás pasar así este año? ¿Deberás esperar hasta 1926 para retornar? Aun en este último día de este año te pido que regreses hoy.» Sabía que su oración era genuina.

Varios meses más tarde la encontré en un camino. Me tomó la mano y dijo: «Hermano Nee, ¿no es extraño que el Señor no haya regresado todavía?» Sus palabras me decían que no era tan sólo una experta en doctrina profética, como yo pensaba serlo, sino una persona que tenía comunión con el Señor y que verdaderamente estaba esperando su venida. Se demostró ser una genuina estudiosa de la profecía de la segunda venida. El anhelo de su corazón era que el Señor regresara pronto.

5 DE SEPTIEMBRE

Bienaventurado el varón que no anduvo en consejo de malos (Salmo 1:1).

Dios no quiere que estemos parados junto a los pecadores ni sentados con los escarnecedores, y por eso nos aconseja que no andemos en su consejo. Los incrédulos tienen muchos consejos que dar pero es lamentable que los hijos de Dios que enfrentan dificultades busquen su consejo. Les diré que nosotros no podemos hacer lo que ellos aconsejan. Yo también tengo muchos conocido: que no creen, y sé que esta clase de gente con frecuencia ofrece consejos sin que se lo pidamos. Al escuchar su consejo de inmediato detectamos que sus pensamientos están enfocados en una sola cosa: cómo puede uno mismo prosperar.

No preguntan si algo está bien o si está mal, o si es la voluntad de Dios. Tienen una sola motivación y es la ventaja personal del individuo. A veces no sólo nos aconsejan a que busquemos prosperidad, sino que la busquemos a expensas de otros. ¿Cómo puede el creyente caminar con un incrédulo en tal estilo de vida?

6 DE SEPTIEMBRE

Ofrezcamos siempre a Dios, por medio de él, sacrificio de alabanza (Hebreos 13:15).

El objetivo de Satanás es evitar que Dios sea alabado. Esto no significa que no se oponga a la oración pues tan pronto comenzamos a orar a Dios, él se interpone. Pero más aun ataca a la alabanza de los hijos de Dios. Gustosamente ejercitará todas sus fuerzas para impedir que Dios reciba una palabra de alabanza, pues si la oración es una batalla, la alabanza es una victoria. Al sonido de la alabanza Satanás huye. Descubrí esto durante los dos primeros años de mi vida cristiana y no he cesado de regocijarme en la paz interior que me ha proporcionado.

Sin embargo, no cometamos el error de equiparar la alabanza con el regocijo. Miremos a las Escrituras. Fue como resultado de la presión ejercida sobre su pueblo que Dios produjo tantas de las canciones que allí nos deleitan. Él no mide la alabanza por su exhuberancia pues en su naturaleza la alabanza es un sacrificio. No sólo debemos alabar su nombre cuando estamos en la cúspide y nos parece divisar la tierra prometida. Debemos también aprender a componer salmos de confianza en Él cuando andamos en el valle de sombras. Esta es verdadera alabanza.

7 DE SEPTIEMBRE

Yo hago una gran obra, y no puedo ir; porque cesaría la obra, dejándola yo (Nehemías 6:3).

Cuando la nación de Israel pecó al punto de que Dios tuvo que entregarla en cautiverio, Dios estaba a la vez desarrollando sus planes para volver a restaurarlos nuevamente. Entre los instrumentos que preparó para este propósito estaba Nehemías, un hombre cuyo espíritu estaba en la tierra que Dios había prometido, si bien físicamente servía en el palacio persa de Susa.

Al pedirle al rey permiso para regresar a Judá, Nehemías sabía que estaba arriesgando su vida. Tuvo éxito en su petición pero al emprender el viaje poco sabía de la oposición que iba a enfrentar a su arribo. Sin embargo, a pesar de toda la adversidad en ningún momento se desvió de su «gran obra» de construcción para Dios. La firmeza de propósito fue una de sus características notables. Es también para nosotros el secreto del triunfo espiritual.

8 DE SEPTIEMBRE

La vanagloria de la vida, no proviene del Padre (1 Juan 2:16).

Juan define aquí a todo lo que despierta y provoca el orgullo en nosotros como el «espíritu del mundo». Bien sabemos que aun en lo íntimo de nuestros hogares somos todos propensos a caer víctimas del orgullo, de la misma manera que lo están los que disfrutan de gran éxito público. Toda gloria que no sea gloria de Dios es vanagloria, y es sorprendente que un pequeño éxito insignificante pueda producir en nosotros la vanagloria. Si cedemos a ella equivale a ceder al mundo, con una pérdida consiguiente en nuestra comunión con Dios.

¡Oh que Dios nos abra los ojos para poder ver la sutileza del mundo! No sólo las cosas que con facilidad clasificamos como males, sino todo aquello que aun con suavidad nos aleja del Señor forma parte de aquel poder que se opone a Dios. Si lo que nos inspira es el orgullo y no la gloria de Dios, podemos estar seguros que hemos estado en contacto con el mundo. Por tanto velemos y oremos. Nuestra comunión con Dios es demasiado preciosa como para arriesgarla.

9 DE SEPTIEMBRE

El que anda de noche, tropieza, porque no hay luz en él (Juan 11:10).

Dios es luz y al verle a Él vemos la luz. Para ver la luz se requiere un corazón puro, un corazón ambientado al amor de Dios. Él es el sol y yo soy como un espejo. A no ser que el espejo esté orientado hacia el sol, no puede reflejar sus rayos. Si no está en la posición correcta los rayos del sol no le alcanzarán y, por lo tanto, no los podrá reflejar. Su valor está perdido. ¿Has notado que si tu corazón está desviado de la sencilla devoción a Dios, lo que aflora en tu conversación no le refleja sino que las críticas y las quejas son lo más común? Esto siempre comprueba que estás en las tinieblas y no en la luz.

Algunos creyentes pueden continuar alabando al Señor en medio de lágrimas, pues aunque sufren quebrantos de corazón no tropiezan. Sus corazones se inclinan hacia Dios y en consecuencia viven en la luz. Si buscas el aplauso de los hombres y no lo recibes, tropiezas. Si por el contrario tu corazón sólo anhela la voluntad del Señor, aunque las circunstancias empeoren cien veces no tropezarás.

10 DE SEPTIEMBRE

> *Id, decid a sus discípulos, y a Pedro, que él va delante de vosotros a Galilea; allí le veréis, como os dijo* (Marcos 16:7).

«...y a Pedro.» Sin quererlo, las lágrimas brotan de nuestros ojos al leer estas tres palabras. ¿Por qué no mencionó el Señor a Juan, el discípulo amado? ¿Por qué no menciona en manera especial a Tomás, el incrédulo? ¿Por qué señaló a Pedro de entre los demás discípulos? Hay una sola respuesta: Pedro le había negado.

Si tú hubieras sido Pedro, ¿cómo te habrías sentido después de negar al Señor? ¿No te hubieras dicho a ti mismo: «Yo, Pedro, que fui testigo de su transfiguración, que estuve con Cristo en el jardín del Getsemaní, lo he negado. No sólo una vez. ¡Tres veces!; y pensar que el Señor me lo dijo de antemano y no le creí!»

Sintiéndose culpable de una ofensa tan grave, bien podría preguntarse cuál era su condición delante de Dios. ¿No había dicho Jesús: «El que me negare delante de los hombres, será negado delante de los ángeles de Dios» (Lc. 12:9)? «Decid ... a Pedro.» Este breve mensaje le mostró a Pedro que la gran distancia entre él y el Señor había sido zanjada por el amor.

11 DE SEPTIEMBRE

*Este es el día que hizo Jehová; nos gozaremos y alegraremos
en él* (Salmo 118:24).

El día designado por el Señor es el día en que la piedra desechada
por los edificadores vino a ser cabeza del ángulo. ¿Quién decide si
una piedra es apta o no? Por supuesto, los edificadores. Si el albañil
dice que cierta piedra no es apropiada para construir la casa, no es
necesario preguntarle a otra persona. Sin embargo, en este caso,
algo extraño ha ocurrido. La piedra que los edificadores rechazaron
«ha venido a ser cabeza del ángulo» (Mt. 21:42). Dios le ha dado la
máxima responsabilidad. Esto «es cosa maravillosa a nuestros ojos»
(Sal. 118:23).

En la secuencia del salmo encontramos una maravilla aun mayor,
y es la designación de un día especial basada en la elección divina
de Jesucristo como la principal piedra del ángulo. Averigüemos,
pues, de qué día se trata. La respuesta la encontramos en Hechos
4:10ss y tiene referencia al día en que Aquél a quien los hombres
rechazaron fue resucitado de entre los muertos. No nos confundamos.
La Biblia explica claramente que este día que el Señor hizo es el día
de la resurrección. De manera que todos los hijos de Dios pueden
reunirse en este día en el nombre de su Hijo, y alegrarse.

12 DE SEPTIEMBRE

El que creyere en él, no será avergonzado (1 Pedro 2:6).

En su cruz el Señor Jesús llevó toda nuestra vergüenza. La Biblia
relata que los soldados quitaron los vestidos de Jesús de modo que
estaba casi desnudo cuando lo crucificaron. Esta es una de las
vergüenzas de la cruz. El pecado nos despoja de nuestras ropas
radiantes y nos deja desnudos. A nuestro Señor le quitaron los
vestidos primero delante de Pilato y después en el monte Calvario.

¿Cómo habrá reaccionado su alma santa ante tal abuso? ¿No habrá
insultado a la sensibilidad de su naturaleza, dejándole expuesto a la
vergüenza en público? Así como todo hombre disfruta de la aparente
gloria del pecado, el Salvador tuvo que soportar su verdadera
indignidad. Tal fue su amor por nosotros que «sufrió la cruz,

menospreciando el oprobio» (He. 12:2), y desde entonces, todo aquel que cree en Él, jamás será avergonzado.

13 DE SEPTIEMBRE

Cayendo en tierra, oyó una voz que le decía: Saulo, Saulo, ¿por qué me persigues? (Hechos 9:4).

¿Cómo puede ser que Saulo, un mero ser humano armado tan sólo con cartas de otro ser humano, pudiera «perseguir» a Jesús de Nazaret quien está sentado a la diestra de Dios el Padre? El Señor no le preguntó: «¿Por qué persigues a mi pueblo?» Le dijo: «¿Por qué *me* persigues?» Ciertamente Cristo estaba en la gloria, pero también el Cristo al cual Pablo perseguía estaba sobre la tierra.

Esto tiene un hondo significado. Saulo de Tarso se enfrenta, en forma repentina, con el cuerpo de Cristo: la Cabeza y sus miembros unidos en un solo cuerpo. La unidad del cuerpo de Cristo no es tan sólo una realidad futura a concretarse en el cielo. Si así fuera sólo podríamos hablar de su esplendor. Pero Él puede ser perseguido, de modo que también es una realidad aquí sobre la Tierra. En realidad, une al cielo y la tierra, Cabeza y miembros, con una unidad que es la voluntad de Dios y debe expresarse en forma práctica aquí y ahora.

14 DE SEPTIEMBRE

Al echarlos fuera los egipcios, no habían tenido tiempo (Éxodo 12:39).

Todos los salvos por gracia son redimidos por la sangre. Recordemos que al igual que los israelitas una vez que hemos sido redimidos debemos realizar nuestro éxodo. La sangre de la expiación no sólo separa a los vivos de los muertos, sino que también separa a los hijos de Dios de la esclavitud al mundo. Los israelitas inmolaron al cordero antes de la medianoche y después de untar los postes y el dintel de las puertas, comieron apresuradamente su comida. Comieron vestidos y preparados para la marcha, ceñidos sus lomos, calzados sus pies y con el bastón en su mano, pues estaban todos listos para huir de Egipto.

El primer efecto de la redención, es la separación. No requiere varios años para que se concrete. La misma noche de la redención se concreta la separación del mundo. Al creyente no se le proponen varios días para deliberar y decidir si ha de salir del mundo o no. Dios nunca redime un alma y luego la deja en el mundo para vivir como lo hacía antes. El salvado empuña su bordón e inicia la marcha. El bordón se emplea para caminar. No sirve como almohada.

15 DE SEPTIEMBRE

Asiéndose de la Cabeza, en virtud de quien todo el cuerpo ... crece con el crecimiento que Dios da (Colosenses 2:19).

Si bien debemos ser diligentes en mantener la comunión en el cuerpo de Cristo, no se nos exhorta a asirnos de los demás miembros del cuerpo, sino de la Cabeza. Si nuestra relación con el Señor es la correcta, así también lo será nuestra relación con los creyentes. No existe la relación posesiva entre los miembros; sólo con el Señor.

Si Cristo es la Cabeza no podemos nosotros ser la Cabeza. Las decisiones que tomamos, no las tomamos por propia elección sino en obediencia a Él. Además, yo no puedo decidir por ti, y tú no puedes decidir por mí. Yo no puedo ser tu cabeza pues ningún cuerpo puede obedecer a dos cabezas. Lamentablemente, a veces parece ser que el cuerpo de Cristo tiene muchas supuestas cabezas. Abandonemos la ambición de controlar a otros. Sólo Cristo es la Cabeza de todos.

16 DE SEPTIEMBRE

Retén lo que tienes, para que ninguno tome tu corona (Apocalipsis 3:11).

No es difícil descubrir lo que tenían que vencer los vencedores de las iglesias de Asia. Sin embargo, en Filadelfia todo parecía ser aceptable al Señor. Podríamos pensar que ésta era una iglesia de su agrado; una iglesia modelo, sin necesidad de hacerles un llamado para vencer. No obstante, el llamado a vencer les fue presentado al igual que a las otras seis.

La única sugerencia de advertencia que les hizo el Señor era que retuvieran su posición espiritual. Esta, pues, era la esfera donde debían luchar y vencer. Su peligro no radicaba en hacer algo malo, sino en dejar de seguir con firmeza el sendero de la voluntad de Dios. Todos necesitamos esta advertencia de parte del Señor, a retener nuestra posición espiritual hasta su retorno.

17 DE SEPTIEMBRE

La ley de clemencia está en su lengua (Proverbios 31:26).

Al unir a dos personas como marido y mujer, Dios ha establecido que debe haber sujeción y amor en la familia. No ha pedido que el esposo y la esposa investiguen, descubran y corrijan mutuamente sus faltas. No ha ordenado que los hombres sean instructores de sus esposas ni que las mujercs sean instructoras de sus maridos. El marido no tiene por qué cambiar la forma de ser de la esposa, ni tampoco la esposa la forma de ser de su marido. Sean cuales fueren las características de la persona con quien nos casamos, debemos estar predispuestos a vivir con ella toda la vida. Los esposos deben aprender a cerrar los ojos. Deben aprender a amar y no a corregir.

Como cristianos debemos aprender a negarnos a nosotros mismos. Negarse significa acomodarse a otras personas. La vida de familia requiere disciplina. Significa disposición para dejar de lado nuestras propias opiniones y dar debida consideración a la opinión de los demás.

18 DE SEPTIEMBRE

Puso Moisés de la sangre sobre el lóbulo de sus orejas derechas, sobre los pulgares de sus manos derechas, y sobre los pulgares de sus pies derechos (Levítico 8:24).

En la limpieza del leproso y en la consagración de los sacerdotes, la sangre era aplicada al oído, la mano y el pie, y a continuación se derramaba aceite sobre las partes ya untadas con sangre. En otros pasajes de las Escrituras la sangre representa a la redención y es exclusivamente para Dios. En tales casos su carácter es objetivo. En este caso, sin embargo, es subjetivo y representa la obra de la muerte.

La sangre en la oreja, la mano y el pie significa que los sacerdotes del Señor deben permitir que la cruz se aplique a todo lo que oyen, a todo su trabajo y a todo su andar, seleccionando, tamizando y discriminando entre lo que es del Señor y lo extraño. La unción del Espíritu sólo viene sobre aquello en lo cual la cruz ya ha hecho su obra. Cuando Dios busca a alguien para servirle no investiga para ver si tiene una mente brillante o un corazón ferviente de amor. Él busca las evidencias de la cruz en la oreja, la mano y el pie.

19 DE SEPTIEMBRE

Han visto mis ojos al Rey, Jehová de los ejércitos (Isaías 6:5).

Antes de enviar a Isaías como profeta, Dios le mostró su gloria. Expuesto a ese fulgor sólo pudo exclamar: «¡Ay de mí!» Antes de ver al Señor los labios de Isaías eran inmundos, y ya había estado habitando con gente de labios inmundos, pero no estaba consciente de todo esto. Fácilmente se podría haber considerado como apto para ser profeta al pueblo de Dios. Pero la luz de la visión le alumbró y vio su condición real y la de su pueblo.

¿Cómo podía ser ahora el portavoz de Dios después de tomar conciencia que sus labios eran inmundos? Lo que lo hizo posible fue su reacción frente a la santidad de Dios. ¡Ay de mí! Habiendo tomado conciencia de su verdadera condición y necesidad estaba preparado para que el serafín viniera con un carbón encendido del altar y limpiara sus labios. Tengamos presente esta secuencia porque es válida. Primero, la inmundicia, luego, la luz de Dios seguida por el clamor que expresa el conocimiento de nuestra condición. A continuación el toque de limpieza divina, y finalmente la comisión para el servicio.

20 DE SEPTIEMBRE

Santificado sea tu nombre (Mateo 6:9).

El nombre de Dios está ligado a su gloria. Por medio de Ezequiel Dios había dicho: «He tenido dolor al ser mi santo nombre profanado por la casa de Israel entre las naciones adonde fueron» (Ez. 36:21). El pueblo de Dios no había santificado su nombre; por el contrario, lo habían profanado dondequiera que fueron. Dios sentía dolor por su santo nombre y nos llama a compartir su deseo de que sea santificado. No es suficiente con expresar las palabras. Toda nuestra vida debe ser gobernada por su santo anhelo. Cada día nos planteará su propio desafío preguntándonos: «¿Es tan sólo una expresión piadosa, o es el factor gobernante de nuestras vidas?» La santificación del nombre de Dios debe comenzar en la vida del que hace la oración modelo que nos dejó el Señor.

21 DE SEPTIEMBRE

Sí, Padre, porque así te agradó (Mateo 11:26).

En este pasaje el Señor pareciera decir que no importaba realmente si la gente de Corazín, Betsaida o Capernaum, que habían recibido su ayuda, le conocían o no. Ni siquiera el mal entendido de Juan el Bautista importaba (Mt. 11:1-19). Una sola cosa le era importante y ésa era que su Padre le conocía. Si el Padre le conoce, Él está satisfecho.

El Padre le conocía, pero Jesús agregó que Él sólo conocía al Padre (v. 27), y Él sólo lo podía revelar a otros. Esto tiene un paralelo en sus siervos. ¿Estás dispuesto a ser conocido en profundidad por Dios y sólo por Él, o son las opiniones de aquéllos a quienes sirves más importantes para ti? Si lo que buscamos es tan sólo agradar a los que servimos no podremos guiarles al Señor. La hostilidad, el rechazo y el ser mal entendidos no debieran cobrar tanta importancia en nuestra evaluación. Es suficiente con que nuestro Padre nos conozca, y que nosotros, a la vez, le conozcamos a Él lo suficiente como pasa guiar a otros a sus pies.

22 DE SEPTIEMBRE

Él ... os recordará todo lo que yo os he dicho (Juan 14:26).

Para que las palabras espirituales aseguren su efectividad deben ser vivificadas por el Espíritu. En cierta oportunidad un creyente estaba bajo convicción de pecado. Otros ya habían abandonado el salón donde su conciencia había sido tocada, pero él se quedó, agobiado, sintiéndose bajo el juicio divino. Esa noche vio su pecado por medio de las palabras de un himno. Unas pocas palabras le habían convencido de lo repugnante que es el pecado ante los ojos de Dios. Al relatar su experiencia muchos otros fueron ayudados, y junto con él recibieron el perdón.

Por dos o tres años no hacía más que repetir las palabras de ese himno. Las palabras eran las mismas, pero cuando se levantaba para dar testimonio ya no había lágrimas en sus ojos, sino una sonrisa. Era el hombre que estaba recordando. El Espíritu ya había realizado su obra de recordar, y había cumplido su propósito.

23 DE SEPTIEMBRE

En su ira contra los sacerdotes, la lepra le brotó en la frente (2 Crónicas 26:19).

¡A qué extremo de ira podemos llegar cuando no se nos permite servir a Dios de la manera que nosotros queremos! El rey Uzías era un hombre ferviente que quería ofrecer un servicio de adoración a Dios, pero quería hacerlo a su manera. Su manera no era la establecida por Dios, de modo que su ira y sus esfuerzos culminaron en un desastre.

Es posible que haya razones: «¿Si otros lo pueden hacer, por qué no yo? ¿No soy tan bueno como ellos?» La esfera de nuestro servicio no se decide de esta manera. No se trata de méritos sino del propósito divino. Uzías llegó a estar muy airado cuando no se le permitió tomar por su cuenta propia el servicio a Dios, pero la ira de la carne nada puede lograr. Su servicio fue rechazado, y nunca más volvió a entrar en la casa de Dios. La mejor manera de servir a Dios es por medio de una humilde aceptación de su voluntad, tal como Él nos la revela.

24 DE SEPTIEMBRE

Atráeme; en pos de ti correremos (Cantar de los Cantares 1:4).

La energía espiritual que nos hace marchar en pos de Jesús es más que un impulso interior. Es el mismo Espíritu Santo quien la produce. Es el resultado de un poder que nos atrae a Él y opera en la medida en que el Espíritu le hace más real y precioso a nuestro corazón, por medio de la Palabra. Así recibimos nuevas revelaciones de la hermosura y majestad de nuestro Señor y como resultado somos atraídos por un deseo irresistible de vivir cada vez más cerca de Él.

Notemos el efecto que tal devoción y seguimiento a Jesús producen en otros. La frase comienza en primera persona singular: «Atráeme», pero continúa en segunda persona plural: «Correremos». En otras palabras, hay algo que es contagioso e inspirador en una vida que es controlada por Cristo. ¡Qué privilegio el ser atraído por su amor de tal manera que llegamos a influenciar a otros para que sigan al Señor en la búsqueda de un andar más íntimo con Él!

25 DE SEPTIEMBRE

Oh hombre, ¿quién eres tú, para que alterques con Dios? ¿Dirá el vaso de barro al que lo formó: ¿Por qué me has hecho así? (Romanos 9:20).

Los hombres siempre quieren razonar, pero yo me pregunto si es que había alguna razón que justificara mi salvación. No hay razón alguna. Yo no la quise ni hice contribución alguna para ella, y sin embargo soy salvo. Esto es lo más irrazonable que me ha acontecido en la vida.

Cuando era joven, con frecuencia me ofendía por ciertas cosas irrazonables que Dios hacía. Más tarde leí Romanos 9 y por primera vez en la vida comencé a ver mi pequeñez y la grandeza de Dios. Él es tan superior a todos en esplendor inaccesible que apenas una mirada a una pequeña fracción de su gloria es suficiente para ponernos de rodillas y hacernos abandonar nuestros razonamientos. La reina del Sud vio una porción pequeña de la gloria de Salomón y quedó anonadada. En la presencia de Aquel que es mayor que Salomón, ¿qué importancia tienen mis débiles razonamientos?

26 DE SEPTIEMBRE

Como pobres, mas enriqueciendo a muchos (2 Corintios 6:10).

Podemos ser muy frugales en lo que respecta a nuestras vidas particulares, pero debemos procurar no ser mezquinos en el servicio del Señor, puesto que esto podría negarle la oportunidad de realizar milagros para las multitudes. Nuestras intentonas de frugalidad frustrarán su propósito y empobrecerán nuestra propia vida.

Nuestra misión como obreros cristianos quedará coartada si tan sólo podemos ejercitar fe para nuestras necesidades personales y no nos proyectamos hacia otros que están en necesidad. Como siervos suyos podemos pensar que tenemos el mismo privilegio de los levitas de recibir el diezmo del pueblo de Dios. ¡Qué propensos somos a olvidar que los levitas, a su vez, tenían la obligación de ofrecer su diezmo! Cada creyente, no importa cuán pequeños sean sus ingresos, debe ser siempre un dador. Sólo recibir, sin dar, equivale a cortejar el desastre del estancamiento espiritual.

27 DE SEPTIEMBRE

Todo lo puedo en Cristo que me fortalece (Filipenses 4:13).

Cristo es mi salud para siempre. Alabado sea su nombre, esto es una realidad. Que el Señor me sane, y que el Señor sea mi sanidad, son dos cosas muy distintas. Quisiera recordarles que Pablo no dijo que obtuvo la sanidad como algo aislado. Lo que dijo es que en su vida él continuaba teniendo a alguien que era su salud. Aunque su debilidad podría prolongarse, su sanidad también persistía.

Muchos de nosotros creemos que la salud es un asunto de eliminación, pero no es así. Es la Persona de Cristo que mora en el interior que está impartiendo vida continuamente. Para nosotros la sanidad no es la ausencia de debilidad sino la presencia de un poder vital.

28 DE SEPTIEMBRE

Estad, pues, firmes, ceñidos vuestros lomos con la verdad
(Efesios 6:14).

La lucha espiritual es defensiva y no ofensiva pues el Señor Jesús
ya peleó la batalla y obtuvo la victoria. La obra de la Iglesia aquí
sobre la tierra consiste sencillamente en guardar y mantener esa
victoria. No se trata de vencer al diablo, sino de resistir a un enemigo
ya derrotado. Su tarea no es la de «atar al hombre malo», pues el
hombre malo ya está atado. Su tarea consiste en no permitir que se
zafe.

No hay necesidad de atacar; sólo con guardar es suficiente. El
punto inicial de la lucha espiritual es afirmarse sobre la victoria de
Cristo. Se trata de mantener a la vista el hecho de que Él ha vencido.
No es cuestión de tratos con Satanás, sino de confiar en el Señor.
No se trata de esperar el poder ganar la victoria, pues su victoria ya
es nuestra. Ciñamos nuestros lomos con esta verdad.

29 DE SEPTIEMBRE

Mas por él estáis vosotros en Cristo Jesús (1 Corintios 1:30).

Quisiera hoy compartir con usted una experiencia. En 1927 tomé
conciencia de que en mi vida faltaba algo. El pecado me derrotaba
y sentí que había algo fundamental que no estaba bien. Lo pedí a
Dios que me explicara el significado de la frase: «Con Cristo estoy
conjuntamente crucificado» (Gá. 2:20). Por meses oré
fervientemente y leí las Escrituras buscando luz. Llegué a ver con
claridad al estudiar el tema, que en ningún lugar Dios dice: «Tú
debes», sino siempre «ya has». Sin embargo, teniendo en cuenta
mis continuos fracasos, esto no parecía ser posible.

Una mañana llegué en mi lectura al versículo que dice: «Estáis
vosotros en Cristo Jesús». Volví a leerlo. «Dios ... por él estáis
vosotros en Cristo Jesús». Vi con asombro que esto era obra de Dios.
Si Cristo había muerto, lo que era un hecho cierto, y si Dios me
había colocado en Él, ¡entonces yo también había muerto! ¡Yo *he
sido* crucificado con Cristo! No puedo decirles la maravilla que este
descubrimiento fue para mí.

30 DE SEPTIEMBRE

> Y aquel Verbo fue hecho carne, y habitó entre nosotros (y vimos su gloria...) (Juan 1:14).

Hubo un tiempo en el cual Dios se colocó a sí mismo dentro de una forma humana en la persona de Jesús de Nazaret. Antes de que el Verbo se hiciera carne, la plenitud de Dios no conocía límites. Sin embargo, una vez que se produjo la encarnación, su obra y su poder en la tierra estuvieron limitados a esa carne. En esta condición el Hijo encarnado de Dios, Cristo Jesús, ¿restringiría o manifestaría al Padre? La Biblia nos enseña que lejos de limitar a Dios, Él ha manifestado su plenitud de una manera maravillosa.

Luego llegó el momento en que Cristo había de confiar su vida a sus discípulos. Podríamos pensar que aquí sí comenzó la limitación. Por casi dos mil años Dios ha estado obrando en la Iglesia con miras a aquel día cuando en el sentido más pleno, su gloria no tendrá más limitación. ¿Reconocemos esto? Si es así, elevaremos nuestra mirada y exclamaremos espontáneamente: ¡Oh Dios, cómo te hemos limitado! ¡Cómo hemos limitado tu poder y tu gloria! ¡Obra ahora mismo en nosotros para manifestar libremente tu gloria!

1 DE OCTUBRE

> *El que levantó de los muertos a Cristo Jesús vivificará también vuestros cuerpos mortales por su Espíritu que mora en vosotros* (Romanos 8:11).

El versículo anterior explica cómo Dios imparte vida a nuestro espíritu. Este nos relata cómo imparte vida a nuestro cuerpo. El cuerpo está muerto en el sentido de que está transitando hacia el sepulcro. No importa cuán avanzado es el andar espiritual del creyente, todavía le resta llegar a poseer un cuerpo redimido. Esto sólo puede acontecer en el futuro pues el cuerpo presente no es más que un tabernáculo terreno, un cuerpo de humillación.

Sin embargo, este versículo nos enseña que el Espíritu de Dios mora en nosotros y por ende, por su poder, Dios también da renovación al tabernáculo terrenal. En este caso no está hablando de una resurrección futura sino del hecho que su Espíritu Santo puede fortalecer nuestros cuerpos físicos para poder cumplir con las demandas de la obra de Dios. Ni nuestra vida ni el reino de Dios sufrirán por la debilidad de un cuerpo que es fortalecido y renovado de esta manera.

2 DE OCTUBRE

Enmudecí, no abrí mi boca, porque tú lo hiciste (Salmo 39:9).

Estas palabras expresan una adecuada actitud para aquellos que aman a Dios. Dado que Él ordena todas las cosas para bien, este hecho suyo que me ha acontecido sólo puede ser para mi beneficio. Por lo tanto, me someteré a Él sin protesta, sin preguntar siquiera por qué mi suerte difiere de la de los demás.

Si mi amor no está dirigido a Dios sino a algún objeto que estoy anhelando por lo que es, entonces y sólo entonces será diferido el bien que Él quiere darme. La ausencia de una explicación poco importa. El camino para conocer a Dios es por el amor y no por el conocimiento. Cuando me acuerdo de lo que el Señor Jesús dijo acerca de los pájaros: «ni uno de ellos cae a tierra sin vuestro Padre», reconozco que debo aceptar en silencio lo que me viene de su mano, ya que su amor por mí lo ha planeado todo.

3 DE OCTUBRE

El que oye mi palabra, y cree al que me envió, tiene vida eterna (Juan 5:24).

La epístola a los Romanos nos proporciona muchos detalles sobre el camino de la salvación, y por medio de su estudio aprendemos la doctrina de la redención. Sin embargo, fue escrita a creyentes. Por otro lado, el evangelio de Juan no contiene doctrina en forma sistemática, pero fue escrito para el mundo. Nosotros quizás hubiéramos programado la presentación de otra manera, pero nos hubiéramos equivocado.

Supongamos que tu casa se estuviera incendiando y tú estás en el piso alto. Al llegar los bomberos colocan una escalera para salvarte,

¿tú les dirías: «Un momento; no tanto apuro. ¿Dónde está apoyada la escalera? ¿De qué estan hechos sus uniformes que no se queman?» y otras preguntas similares? ¿Sería lógico? Por supuesto que no. Permitirías primero que salven tu vida y luego, una vez a salvo, podrías hacer todas las averiguaciones correspondientes. Juan presenta al mundo la salvación con toda sencillez. Romanos es una exposición de los fundamentos de la fe cristiana.

4 DE OCTUBRE

Le dijo Jesús: Pues le has visto y el que habla contigo, él es (Juan 9:37).

Los ojos de este hombre habían sido abiertos de una manera maravillosa para ver a Jesús. En realidad, el verle a Él y no meramente juzgarle por las apariencias externas, no es nada menos que un milagro. Algunos de los galileos pensaron equivocadamente que Jesús era Elías. Elías fue un profeta dinámico que enfrentaba a los oponentes con coraje y vigor, y Jesús precisamente desplegó esta característica saliente de coraje y vigor en su ministerio. Cuando encontró a los hombres que estaban contaminando la casa de oración de Dios con sus mercancías, los expulsó por la fuerza. Era un verdadero Elías.

Otros pensaron que Jesús era Jeremías. Este hombre fue un profeta de compasión divina, un hombre de lamento, y Jesús también encuadraba perfectamente con este rasgo del profeta. Se sentó a la mesa con publicanos y pecadores; permitió que una mujer pecadora llorara a sus pies, y cuando vio a María la hermana de Lazaro llorando, Él también lloró. Era un verdadero Jeremías. Sin embargo, cuando la gente le confundió con uno u otro de estos personajes del Antiguo Testamento, demostraron que sólo lo conocían por la apariencia.

Sólo la revelación del Padre nos puede mostrar verdaderamente quién es el Hijo. Gracias a Dios, el hombre que realmente vio a Jesús podía comenzar exactamente en la misma condición en que comenzamos nosotros: «ciego de nacimiento» (Jn. 9:1).

5 DE OCTUBRE

Mientras ellas iban a comprar, vino el esposo (Mateo 25:10).

¿Dónde radicaba la prudencia de un grupo y la insensatez del otro? No en el aceite pues las lámparas de las insensatas seguían ardiendo, aunque con poco aceite. Sus lámparas «se apagaban», vale decir que el fuego no se había extinguido aunque estaba pronto a estarlo. Tampoco se trataba de tener aceite adicional para reponer pues las cinco insensatas habían ido a comprar más y efectivamente, habían regresado con una provisión suficiente.

La diferencia estaba en que las prudentes tenían el aceite en el momento necesario y las insensatas lo obtuvieron cuando ya era tarde. Se trataba de estar preparadas en el momento oportuno. Una demostración de la verdadera sabiduría es la de obedecer con rapidez y estar siempre listos en el lugar y el momento oportuno.

6 DE OCTUBRE

Dijo David a Saúl: Yo no puedo andar con esto, porque nunca lo practiqué (1 Samuel 17:39).

Ningún valor espiritual se confiere por decreto. El vestir la armadura del rey no le da a un hombre cualidades reales. Es llamativo recordar que David ya sabía que él era el rey ungido de Israel ¿No era lógico, entonces, que se vistiera con la armadura real, sobre todo teniendo en cuenta que estaba por pelear la batalla del rey?

Se probó la armadura, pero bien pronto se la quitó. Seguramente que en su interior habrá tomado conciencia que el poder espiritual no proviene de armamentos humanos sino de una relación con Dios. David había entrado en este conocimiento por medio de experiencias secretas de la vida diaria. Estas victorias ocultas que había logrado con Dios le suplieron de suficientes armas para su conflicto público. Estaba así mucho mejor equipado que con las bien intencionadas pero artificiales ayudas que Saúl le ofrecía.

7 DE OCTUBRE

A fin de presentársela a sí mismo, una iglesia gloriosa, que no tuviese mancha ni arruga, ni cosa semejante (Efesios 5:27).

Los ninos y los jóvenes no tienen arrugas en la piel. Cuando aparecen es porque la edad está avanzando. El Señor en sus planes para la Iglesia ha previsto una condición de vida perenne donde no hay decaimiento, ni nada de su triste pasado. Todo para ella será prístina novedad. Un día cuando la Iglesia esté delante del Señor, parecerá que nunca hubiera tenido historia de pecado. Será tal como Dios la planeó, una Iglesia completamente semejante a Cristo, sin impureza humana alguna ni vestigios de pecado. El Señor será su misma vida.

No sólo será sin mancha ni arruga; tampoco tendrá deficiencia alguna. Dios llevará a la Iglesia a una posición tal que nadie podrá criticarle en ningún aspecto. Reflejando la gloria del Señor será completamente gloriosa.

8 DE OCTUBRE

El tiempo de mi partida está cercano (2 Timoteo 4:6).

Por lo menos en tres ocasiones Jesús evadió el peligro de la muerte. Así lo hizo porque sabía que su hora aún no había llegado. El Padre le había asignado una hora, y Él sabía que no debía morir hasta que ese momento llegara. El apóstol Pablo también estuvo con frecuencia en peligro de muerte pero, sin embargo, confió decididamente en Dios de que no moriría hasta que hubiera concluido su obra.

En el Antiguo Testamento leemos acerca de patriarcas que murieron «llenos de años». Esto significa que vivieron la totalidad de los días que Dios les había dispuesto. Sea nuestra vida larga o corta, Dios no quiere que perezcamos como los pecadores, antes de que nuestros días se hayan cumplido. Nuestros años serán suficientes para llevar a cabo lo que a los ojos de Dios sea nuestra tarea. Esto equivale a la victoria sobre la muerte.

9 DE OCTUBRE

Permanezca el amor fraternal (Hebreos 13:1).

El corazón de Dios es grande y así también debe ser el nuestro. Debemos aprender a amar de tal manera que nuestro amor abrace a todos los hijos de Dios. Si un hombre es nacido del Espíritu, entonces es un hermano. No importa si entiende las verdades divinas con claridad o no, igual es un hermano. Si está cómodamente sentado en su casa, es mi hermano, y si se cae en un pantano en la calle, sigue siendo mi hermano.

¿Ha sido bautizado por inmersión o por aspersión? ¿Cree que la «gran tribalación» durará tres años y medio, o siete años? El arrebatamiento que aguarda, ¿será total o parcial? Si fundamos nuestra disposición de amarle en un cuestionario doctrinal procedemos mal. Sólo debemos preguntar si tiene la vida de Cristo o no. Todo aquel que es redimido por la sangre preciosa es un hermano, y un hermano al cual debemos amar.

10 DE OCTUBRE

Honrad a todos. Amad a los hermanos. Temed a Dios. Honrad al rey (1 Pedro 2:17).

Para el creyente que ha gustado el gozo de estar a solas en comunión con Dios, surge la tentación de no hacer más nada y quedar allí soleándose en la luz de su presencia. No tiene ningún apuro por volver a su trabajo habitual con su cuota diaria de pruebas y dificultades. Cara a cara con el Señor siente sólo el gozo, la santidad y la victoria, pero cuando sale para realizar sus tareas diarias; se encuentra una vez más con el desáninio y la derrota.

Tal hermano debe ser advertido que está haciendo de sí mismo el centro de todo, y por ende se está haciendo inútil para atender a las necesidades de los demás. Nuestros deberes hacia los hombres están claramente definidos en las Escrituras, y nuestra responsabilidad en los asuntos rutinarios de la vida diaria también. La experiencia más sublime del cristiano no es incompatible con el cumplimiento de su responsabilidad como hombre. Para el Señor no hay diferencia entre tareas domésticas y un ministerio espiritual. La vida de Cristo se exhibe a través de toda clase de actividades.

11 DE OCTUBRE

El rey me ha metido en sus cámaras; nos gozaremos y
alegraremos en ti; nos acordaremos de tus amores más que
del vino; con razón te aman (Cantar de los Cantares 1:4).

Una traducción más clara de la última frase sería: «en rectitud te
aman», vale decir, «te aman sin mezcla, o con un amor indiviso».
Pablo le exhortó a Timoteo a que amara con «el amor nacido de
corazón limpio, y de buena conciencia, y de fe no fingida» (1 Ti.
1:5, 17), y luego concluyó el pasaje recordándole que el Señor Jesús
es el Rey eterno. Este es el punto vital. El Rey nos ha llevado a una
comunión consigo y de ese hecho surge un amor nuevo que satisface.
    En un sentido, sólo podemos llegar a reconocer a Cristo como el
Esposo amado, si primero le hemos rendido homenaje como nuestro
Rey. El pecador justificado ciertamente ama a su misericordioso
Salvador. Más adelante, al crecer en el conocimiento de Él, descubre
que una completa sumisión al gobierno de Jesús como su soberano
Señor enriquece la calidad de su devoción y de su amor hacia Él.

12 DE OCTUBRE

No pones la mira en las cosas de Dios (Mateo 16:23).

    Jesús apenas había terminado de decirles a sus discípulos de su
inminente encuentro con la cruz cuando Pedro prorrumpió, de su
intenso amor por Él, diciendo: «Señor, ten compasión de ti» (v. 22).
La respuesta del Señor sólo podía ser en tono de un fuerte reproche.
Sentir lástima por uno mismo, era una idea que sólo podía tener su
origen en Satanás. Además, respondió a la protesta de Pedro con
otra afirmación. Les dijo: «No sólo yo tengo que ir a la cruz, sino
todos aquellos que me siguen y desean ser mis discípulos. No piensen
que yo soy el único que debe hacer la voluntad de Dios. Mi camino
será el camino de ustedes.»
    En lo profundo de su ser Pedro sabía esto, y si al decir: «Ten
compasión de ti» estaba expresando su afecto para el Señor, estaba
revelando al mismo tiempo, en forma inconsciente, su actitud para
consigo mismo. Él también evitaría la cruz y preservaría así la vida
egoísta de su propia alma.

13 DE OCTUBRE

*Nosotros persistiremos en la oración y en el ministerio de
la palabra* (Hechos 6:4).

Todo ministerio y todo servicio a la humanidad que ha perdido
su énfasis sacerdotal, se ha derrumbado. Si primero no he entrado a
la presencia de Dios, no puedo salir a mis semejantes con un mensaje
que sea de valor para ellos.

Si hay un ministerio profético sin un ministerio sacerdotal
paralelo, no habrá edificación de la Iglesia. Si mi mano derecha
está herida y en dolor, y mi mano izquierda quiere actuar en su
ayuda, no lo hace sin ser llamada. La comunicación se realiza por
medio de la cabeza; la acción se inicia allí, y desde allí se controla.
Una mano izquierda que no está adherida al cuerpo de nada valdrá.
Para servir a nuestros hermanos es igual. Si queremos evitar ser
causa de problemas a los otros miembros debemos actuar bajo la
dirección de la Cabeza. Debemos salir directamente de la presencia
del Señor para servirles.

14 DE OCTUBRE

*¿Qué quieres que te haga? Y él dijo: Señor, que reciba la
vista* (Lucas 18:41).

Debemos cuidarnos de no atacar a Dios con palabras que no
son oraciones genuinas. Satanás encuentra placer no sólo en
privarnos del tiempo suficiente para orar, sino también en hacernos
desperdiciar el tiempo que disponemos con la multiplicación de
palabras dispersas y huecas. Muchas oraciones pesadas, rutinarias,
no son más que un perdedero de tiempo. Si ni siquiera sabes qué
es lo que quieres pedirle al Señor cuando te arrodillas, ¿cómo
puedes esperar que Dios te responda? Caes en la trampa de pensar
que has dedicado un tiempo provechoso a la oración, cuando en
realidad no has orado para nada.

El Señor te preguntará: «¿Qué quieres que te haga?» ¿Puedes
responder a esta pregunta en forma clara y específica? Deberías
ejercitarte para esto. Se nos aconseja a que velemos en oración. No
prolonguemos innecesariamente el tiempo; no ofrezcamos a Dios

un sinnúmero de razones. Sencillamente y en términos claros, derrama tu anhelo delante del Señor.

15 DE OCTUBRE

Por la fe Abraham, siendo llamado, obedeció para salir (Hebreos 11:8).

La nueva creación procede de Dios, fuente y principio de todas las cosas. Podemos con propiedad citar las palabras del Señor Jesús quien dijo: «Hasta ahora mi Padre obra y yo obro». Todos debemos aprender esta importante lección y es que jamás podremos nosotros ser los originadores de algo de valor divino. Sólo Dios es aquel que inicia todas las cosas. Si bien este hecho afrenta a nuestro orgullo, el día que lo descubrimos llega a ser un día feliz para nosotros. Significa que en cuanto a valores eternos se refiere, todo debe originarse en Dios.

Abraham no tenía necesidad de iniciar un nuevo comienzo por su cuenta. Dios tomó la iniciativa por Él. Abraham jamás se imaginó que Canaán sería su meta. Salió sin saber adonde iba. Dios sí lo sabía, y él sencillamente respondió al llamado de Dios. ¡Dichoso el hombre que no sabe! Cuando realmente comprendemos que Dios es el Principio y el Fin de todo lo que importa en la vida, podemos descansar tranquilos.

16 DE OCTUBRE

Era varón bueno, y lleno del Espíritu Santo y de fe (Hechos 11:24).

Cuando vemos a personas que aparentan ser abundantemente bendecidas con dones del Señor, pensamos en lo ricos que son y en la forma maravillosa en que Dios los utiliza. Sin embargo, lo que realmente proporciona ayuda a los que están en necesidad no son sus dones sobresalientes o sus predicaciones, sino la vida que surge triunfante sobre la muerte en aquellos que, como Pablo, pueden decir: «Cada día muero».

Dios distribuye soberanamente sus dones a cada uno para que

sean sus portavoces, pero lo que realmente busca no son voceros sino vasos para la comunicación de la vida en el Espíritu. Esta vida de resurrección de Jesús fluye del interior de aquéllos en quienes opera «la muerte de Jesús» (2 Co. 4:10). Aquel que pone su confianza en los dones espirituales es un insensato, pues tales dones no necesariamente producen esa transformación en el hombre interior. La vida brota del verdadero quebrantamiento de corazón.

17 DE OCTUBRE

No puedo yo hacer nada por mí mismo (Juan 5:30).

En la creación Adán llegó a ser una persona consciente de sí misma, pero sin pecado. Todavía no gobernaba en él lo que Pablo describe en Romanos 6:6 como «nuestro viejo hombre». Disponía de una voluntad libre que le permitía actuar por su propia cuenta, de manera que podríamos decir que el ego ya estaba presente pero sin pecado. La caída cambió toda la situación. El «viejo hombre» llegó a dominarlo, al igual que a todos nosotros.

Debemos ser cautos al hacer comparaciones o trazar paralelos entre nosotros y el Señor Jesús en su encarnación, pero sí podemos decir con seguridad que en Él no había «viejo hombre» porque estaba absolutamente libre de pecado. Sin embargo, tenía ego. Poseía fuerza natural pero jamás la abusó aun en el más mínimo grado. No es que carecía de personalidad individual, pues todo hombre la tiene, sino que se negó a vivir por su propia cuenta. En el versículo que hemos leído tenemos claramente su estimación de la insignificancia del esfuerzo humano sin Dios. Así podemos comprender cómo pudo decir más adelante, hablando de nuestro fruto espiritual, «separados de mí nada podéis hacer» (Jn. 15:5).

18 DE OCTUBRE

En descanso y en reposo seréis salvos; en quietud y en confianza será vuestra fortaleza (Isaías 30:15).

El deseo de apurarse delata a una naturaleza emocional. La emoción es generalmente apresurada. Al creyente apresurado le es sumamente difícil esperar en el Señor para conocer su voluntad, y una vez conocida, caminar en la misma un paso a la vez. Realmente, aquellos que somos del Señor somos incapaces de andar en el Espíritu hasta tanto nuestras emociones hayan sido verdaderamente rendidas a la cruz. Debemos aprender «la paciencia de Jesucristo» (Ap. 1:9), pues recordemos que de cada cien acciones impacientes o precipitadas, quizás ni siquiera una se efectúe en la voluntad de Dios.

Dado que Dios conoce lo impetuoso de nuestra naturaleza, con frecuencia emplea a nuestros colaboradores, hermanos, familiares o al medio ambiente para frenarnos. Dios nunca realiza las cosas con apresuramiento y por lo tanto es muy difícil que confíe su poder a los impacientes.

19 DE OCTUBRE

El que quiera hacerse grande entre vosotros será vuestro servidor (Mateo 20:26).

Aquéllos de nosotros llamados a ser líderes debemos aprender a no asumir el señorío sobre los que han sido confiados a nuestro cuidado, ni tampoco tratar de hacerles avanzar más rápido de lo que pueden. Si tenemos una palabra del Señor debemos compartirla con ellos fielmente, pero no debemos obligarles a aceptar nuestro mensaje. Recordemos que Dios respeta el libre albedrío que le ha dado al hombre, y si él nunca emplea fuerza coercitiva con el hombre, ¿nos atreveremos a hacerlo nosotros? Aprendamos a andar suavemente delante de Dios y a ser muy lentos en constituirnos en líderes sobre los demás.

El hecho de que los demás están dispuestos a escuchar lo que tenemos para decir no debe ser motivo de gratificación. Más bien debiera conducirnos al Señor con temor y temblor. No importa cuán fuertes sean nuestras convicciones debemos aprender a desconfiar de nosotros mismos pues somos propensos a equivocarnos, y cuanto más seguros nos sintamos, más fácil nos desviaremos. El peligro se acrecienta cuando tenemos más popularidad, pues nuestra autosuficiencia se aumenta y nuestra disposición a recibir ayuda y consejo de otros disminuye.

20 DE OCTUBRE

Cada primer día de la semana cada uno de vosotros ponga aparte algo, según haya prosperado (1 Corintios 16:2).

El primer día de la semana que aquí se menciona es diferente del sábado del Antiguo Testamento. No es un día para la reflexión, ni tampoco un día para el recreo físico. Nos conduce a dos cosas bien definidas que debemos hacer. La primera es la de reunirnos con el Señor para recibir gracia de Él; y la segunda es el ofrecerle nuestras ofrendas. Es un día de regocijo en el Señor.

¿No nos llama la atención que nuestras ofrendas deban ser traídas semanalmente y no mensualmente? Algunos esperan hasta el fin del mes y otros, peor aún, esperan hasta el fin del año, para presentar sus ofrendas al Señor. Pablo nos dice que debemos hacer cuentas delante del Señor el primer día de cada semana. Notemos también que cada uno está en libertad para decidir qué porcentaje ofrendará. Si puedes dar más, da más. Si tienes menos, menos. Lo principal es que puedas dar tu porción alegremente.

21 DE OCTUBRE

Pero sólo una cosa es necesaria; y María ha escogido la buena parte, la cual no le será quitada (Lucas 10:42).

Jesús nunca quiso decir que Marta no debía trabajar. En realidad la Biblia enseña que el hombre que no quiere trabajar no tiene derecho a comer. Tampoco quiso decirle a Marta que debía dedicar la mitad de su tiempo sirviendo a otros y la otra mitad a actividades espirituales. Ni siquiera insinuó que «las muchas cosas» estaban mal en sí. Sólo le recordó que no debía permitir que la preocuparan o irritaran. Marta no estaba ocupada en demasiados trabajos, sino que estaba sumergida en demasiadas preocupaciones.

Gracias al Señor, había también una María. Ella había elegido la mejor porción que es la comunión con el Señor, y así nos ofrece la otra mitad del cuadro. Lo que Jesús quería era que Marta imitara el ejemplo de paz interior de su hermana, aun mientras estaba trabajando. Todos podemos ser como Marta, ocupados en cosas exteriores, pero al mismo tiempo debemos ser como María, viviendo en comunión interior con Cristo. Cualquier hombre o mujer puede estar exteriormente ocupado, mientras que en su interior está sentado a los pies de Jesús. Ese es verdadero servicio.

22 DE OCTUBRE

> *El que no ama a su hermano a quien ha visto, ¿cómo puede amar a Dios a quien no ha visto?* (1 Juan 4:20).

Podemos agregar quizás a las palabras de Juan: «Si no podemos amar a nuestros hermanos a quienes podemos ver, ¿cómo podremos amar a los hermanos a quienes no podemos ver?» Pablo les escribió a los corintios acerca del amor porque el amor unifica. En Corinto había envidias y divisiones, y es por eso que Pablo les escribió que «el amor no tiene envidia ... no busca lo suyo», etc. (1 Co. 13:4, 5). En otras palabras, el amor no divide ni separa. Todo el capítulo trece fue una exhortación a los corintios a que se amaran en forma íntima.

Muchos de nosotros podemos practicar el amor fraternal a la distancia, o cuando no vemos a los hermanos, pero nuestro amor al Señor se pone a prueba por el amor que tenemos hacia los hermanos con quienes nos vemos a diario. Los corintios debían amar en primer lugar a los hermanos que estaban en Corinto. Después, quizás, podrían ir a Éfeso y amar a los miembros del cuerpo de Cristo allí. Recién después de esto podrían ascender al cielo y contemplar al cuerpo de Cristo en su plenitud. Este es el orden correcto y el más difícil, pues pone a prueba nuestra sinceridad.

23 DE OCTUBRE

> *El temor del hombre pondrá lazo* (Proverbios 29:25).

Había una vez dos hombres que trabajaban en la misma empresa. Uno de ellos recibió a Cristo como Salvador, pero ambos eran demasiado tímidos. El que se había convertido no podía juntar el coraje para contárselo al otro, mientras que el otro no se animaba a preguntarle qué le había ocurrido, pues había notado el cambio en su vida.

Compartían la misma mesa de trabajo. Trabajaban frente a frente todos los días y, sin embargo, el creyente no se animaba a compartir su experiencia, y el compañero no se animaba a preguntar. Finalmente, el creyente no pudo soportar más, así que después de orar mucho, fue y le dijo a su amigo: «Soy un hombre muy tímido. Desde hace tres meses he estado tratando y no he podido decirte que he confiado en Cristo como mi Salvador.» Si vives con temor hacia los demás, ayudará recordar que quizás otros te temen a ti. Cobra coraje, y habla.

24 DE OCTUBRE

El reino de Dios no es comida ni bebida, sino justicia, paz y gozo en el Espíritu Santo (Romanos 14:17).

La Biblia nos permite gran flexibilidad en asuntos exteriores tales como la comida. ¿Por qué es que podemos comer, o dejar de comer según lo querramos? Porque del punto de vista divino éste es un asunto de importancia secundaria. Dios no le adjudica gran importancia a las prohibiciones sino que pone el énfasis en aquello que es positivo. La vida del Hijo de Dios en la tierra, y la vida de resurrección de Cristo sí son cosas esenciales. Teniendo esta gloria entre nosotros la comida y la vestimenta llegan a tener muy poca importancia.

Es por eso que la vida cristiana, tal como está expuesta en la Biblia, nunca es legalista sino maravillosamente flexible. Si deseas vestirte moderadamente y comer comida más sencilla, está bien. Pero si tienes más dinero y deseas comer mejor y gastar más en ropas o vestidos, puedes hacerlo. El asunto crucial es cuánta realidad espiritual se manifiesta verdaderamente en tu vida. Recuerda que un creyente no es un asceta. Vive una vida adaptable, siempre sensible a aquel que en nosotros es eminentemente grande y glorioso y que es gobernado no tanto por la abstinencia como por la trascendencia.

25 DE OCTUBRE

Pondré espíritu nuevo dentro de vosotros ... y pondré dentro de vosotros mi Espíritu (Ezequiel 36:26, 27).

Notemos cómo inmediatamente después de la promesa de un «nuevo espíritu» sigue la alusión a «mi Espíritu». La primera frase refiere a la renovación del espíritu muerto, por medio de la infusión de vida en aquel que cree. La segunda va más allá, y refiere a la morada del Espíritu de Dios residiendo dentro del espíritu renovado del hombre.

Sin embargo, ambos componen una experiencia. Los creyentes no viven por muchos años después de su nuevo nacimiento en una primera fase de vida cristiana, y luego, repentinamente, despiertan y, buscando al Espíritu Santo, entran en una segunda fase. Ellos tienen la totalidad de su personalidad morando en ellos —no tan sólo como un visitante— desde el momento que han creído.

El apóstol nos exhorta a no contristar al Espíritu Santo. Al emplear la palabra «contristar» en lugar de «airar», revela el amor del Espíritu Santo. Además, es muy importante señalar que nunca dice: «No le apartes de ti». El Espíritu puede encontrarse con la experiencia de ser «contristado» o de ser alegrado por el creyente, pero permanece con nosotros para siempre. No existe la posibilidad de que Él nos deje.

26 DE OCTUBRE

Cristo amó a la iglesia, y se entregó a sí mismo por ella (Efesios 5:25).

El tema de este versículo no contempla tanto la venida de Cristo para morir por los pecadores, como la entrega de sí mismo a ellos, en amor. Juan nos relata cómo los soldados vinieron a la cruz para examinar el cuerpo de Jesús. Descubrieron con sorpresa que ya estaba muerto, pero, sin embargo, punzaron su costado con la lanza y del mismo fluyó sangre y agua. Esto representa simbólicamente los dos aspectos de la obra de Cristo. Por una parte, el derramamiento de su sangre para redimirnos de nuestro pecado, y por la otra, el fluir hacia nosotros del agua de vida.

Morir por los pecados es una cosa, pero morir por amor es mucho más. Cristo murió *por* nosotros para poder darse *a* nosotros. La clave vital de nuestra nueva vida radica precisamente aquí. Ni el arrepentimiento, ni la confesión de pecados nos constituyen en parte de Cristo, como tampoco la fe lo hace. Es la vida de Cristo que se nos imparte por medio de un hecho divino la que nos constituye como parte de la Iglesia que Él amó y por la cual se entregó.

27 DE OCTUBRE

Yo te aconsejo que de mí compres oro refinado en fuego, para que seas rico (Apocalipsis 3:18).

Si deseamos seguir en el camino de la iglesia de Filadelfia y no caer en la condición de la iglesia de Laodicea, entonces debemos aprender a ser humildes delante de Dios. He oído decir: «La bendición del Señor está en nuestro medio». Reconozco la verdad de esto, pero debemos proceder con mucha cautela cuando lo decimos. Si algún día nos sentimos animados a decir que somos ricos, que tenemos riquezas y no necesitamos de nada, estaremos muy cerca de la condición de la iglesia de Laodicea.

Recordemos que todo lo que poseemos lo hemos recibido de Dios. Aquel que está delante del Señor no está consciente de su propia riqueza, sino sólo del Señor. El que ha estado en la presencia del Señor sale enriquecido, y sin embargo no estará consciente de sus riquezas. El resplandor del rostro de Moisés se desvaneció y fue bueno para él que así sucediera. De lo contrario, al llegar a saberlo, él probablemente hubiera caído en la tibieza.

28 DE OCTUBRE

¿No ha elegido Dios a los pobres de este mundo, para que sean ricos en fe? (Santiago 2:5).

La meta y la recompensa de la pobreza temporal es el enriquecimiento eterno. Dios nunca propuso que la pobreza y la escasez fueran estériles. Su propósito es que toda presión conduzca a un ensanchamiento y toda pobreza nos lleva al enriquecimiento.

Su destino para su pueblo no es continua necesidad ni continua pobreza. Estas no son un fin, sino tan sólo medios para concretarlos.

Hay mucho que no comprendemos de la revelación que le fue dada a Juan respecto a la nueva Jerusalén, pero sí vemos con claridad que se trata de una ciudad de infinita riqueza. Sin embargo, no hay en ella ni una sola pepita de oro que no haya sido probada en el horno de la aflicción. Ni una piedra preciosa que no haya pasado por el fuego, ni una perla que no haya nacido bajo sufrimiento. En consecuencia, el ser «ricos en fe» tiene su incontestable justificación.

29 DE OCTUBRE

Poniendo toda diligencia por esto mismo, añadid a vuestra fe virtud (2 Pedro 1:5).

Pedro nos está diciendo en este versículo que la vida cristiana debe ser caracterizada por un continuo «añadir». Debemos cultivar una disposición que nunca deja de explorar nuevos territorios en el área de las cosas divinas. A pesar de que Pedro tenía una edad ya avanzada al escribir esto, una energía divina latía dentro de él, y a su vez la comunicaba a sus lectores.

Nos urge a que tan pronto llegamos a poseer una virtud cristiana, debemos procurar suplementarla con otra y así sucesivamente, apilando una sobre otra: la diligencia, la fe, la virtud, el conocimiento, el dominio propio, la piedad, el amor fraternal, el amor divino. La lista de Pedro es larga y se puede sintetizar con la palabra «abundancia». Según él, debemos proseguir siempre adelante, sin contentarnos con nuestros logros presentes y nunca abandonar esta santa tarea de añadir, hasta que la meta de Dios para nuestra vida se cristalice.

30 DE OCTUBRE

Y saliendo fuera, lloró amargamente (Mateo 26:75).

Al afirmar que nunca negaría, Pedro estaba contradiciendo al Señor. Sin embargo, al hacerlo estaba convencido de que decía la verdad. Era debido a que Pedro estaba tan firmemente convencido que Jesús agregó a la declaración general de cómo todos los discípulos le abandonarían, los detalles más particulares respecto a la profundidad de la caída de Pedro.

La confianza de Pedro estaba tan arraigada en sí mismo que todas las advertencias del Señor no le pudieron convencer. Protestó con mayor vehemencia acerca de su lealtad y lo hizo sinceramente. Amaba a Jesús y quería seguirle sin reservas de modo que cuando habló con tanta seguridad estaba expresando la intención de su corazón. Su gran problema fue que se confundió a sí mismo con el hombre que él quería ser. Gracias a Dios, por medio del quebrantamiento Pedro llegó a descubrir su debilidad. Si hubo sinceridad en su confianza en sí mismo, también hubo sinceridad en su llanto. Desde aquella hora en que se descubrió a sí mismo, Dios pudo modelarlo en un hombre nuevo.

31 DE OCTUBRE

Toda la Escritura es inspirada por Dios, y útil ... a fin de que el hombre de Dios sea perfecto (2 Timoteo 3:16, 17).

Desde el principio hasta el fin, la Biblia mantiene una unidad orgánica. No es una compilación desordenada hecha por mentes humanas, sino que está ligada armónicamente por el Espíritu de Dios, de manera que lo que hoy disponemos coincide plenamente con lo que fue en sus orígenes. Los cinco libros de Moisés están al principio de la colección, y lo que es muy significativo, todos los que escribieron después de Moisés, construyeron sobre estas bases, y no en forma independiente. Josué edifica sobre la base del Pentateuco al igual que el autor de los libros de Samuel.

Si bien los autores fueron muchos, cada libro del Antiguo Testamento se basa sobre lo que ya fue escrito, y cuando llegamos al Nuevo Testamento descubrimos lo mismo. El Nuevo Testamento emplea al Antiguo como su trampolín. No puede descartarse al Antiguo Testamento y retener solamente el Nuevo, como tampoco pueden eliminarse los cuatro evangelios y quedar tan sólo en las epístolas de Pablo. Dios no dice una cosa ayer y otra distinta mañana. Su Palabra es una. Desde el principio hasta el fin vive y nos habla de nuestra necesidad.

1 DE NOVIEMBRE

De nada tengo mala conciencia, no por eso soy justificado
(1 Corintios 4:4).

El salmista pregunta: «¿Quién podrá entender sus propios errores?»
(Sal. 19:12). La respuesta es «¡nadie!» No podemos, por nuestra
cuenta, conocer con precisión nuestras faltas. Si, tal como lo dijo
Jeremías con tanta fuerza, nuestros corazones son engañosos y
perversos (Jer. 17:9) ¿cómo podremos confiar en nuestros intentos de
introspección y autoexamen? Al examinarnos con un corazón
engañoso, inevitablemente seremos engañados. Nuestros
pensamientos y nuestras emociones operan de una manera muy
compleja, de manera que el conocimiento que obtenemos de ellos no
es confiable. No podemos juzgarnos a nosotros mismos con acierto.

Es por esta razón que la introspección, lejos de ser una virtud, es
un gran engaño. Sólo cuando la luz del Señor penetra nuestro ser,
podemos discernir lo que es bueno y lo que es malo. Si un creyente
piensa demasiado en sus defectos se desanima. Si, por el contrario,
piensa en sus virtudes se infla y enorgullece. El único conocimiento
de uno mismo que es seguro y saludable es el que nos viene por el
resplandor de la luz de Dios.

2 DE NOVIEMBRE

*Repentinamemte le rodeó un resplandor de luz del cielo; y
cayendo en tierra, oyó una voz* (Hechos 9:3, 4).

La verdadera luz que desciende del cielo es más que un mero
conocimiento. Es un descubrimiento del mismo Señor. Quien le ve
a Él ve la luz, y si verdaderamente vemos la luz caeremos en tierra.
La instrucción no tiene este efecto. Podemos escuchar cualquier
cantidad de sermones instructivos, y aun memorizar su contenido
sin que tengan un efecto transformador en nuestra vida. Esto nunca
ocurre cuando desciende verdadera luz del Señor. Cuando esta luz
amanece en nuestra vida, oscurece nuestra vista a todo un mundo
para abrirnos la visión de otro. En realidad, no nos hace ver sin
antes cegarnos y postrarnos. Cuando Pablo vio la luz cayó en tierra
y por tres días no pudo ver para nada.

La luz es rigurosa. Puede hacer en un hombre lo que él mismo nunca puede llegar a hacer. Al igual que Pablo, quien sinceramente pensaba que debía oponerse a Jesús, nosotros podemos ser rígidos e inflexibles, resistentes a toda persuasión, pero cuando esa Luz brilla somos ablandados, debilitados y quebrantados. La luz debe primero humillarnos para que luego podamos ver.

3 DE NOVIEMBRE

Yo lo puso todo en las manos de Aarón, y en las manos de sus hijos, e hizo mecerlo como ofrenda mecida delante de Jehová (Levítico 8:27).

En este sacrificio ritual la sangre colocada sobre Aarón y sus hijos fue tomada del «carnero de las consagraciones» (v. 22). Cuando esto se había realizado se colocaba en las manos de Aarón la «ofrenda mecida». La acción de Aarón al levantar esta ofrenda hacia Dios era llamada entonces «la consagración». ¿Podemos ahora interpretar estos conceptos en términos del Nuevo Testamento?

Basado en la aceptación que Cristo tiene ante Dios, yo ahora estoy en la posición de un siervo que oye la voz de Dios, hace su voluntad y camina en sus senderos. De aquí en más, mis oídos, mis manos y mis pies le pertenecen exclusivamente a Dios. Nadie puede tomar prestados mis oídos para escuchar a la voz de otro, o mis manos para cumplir órdenes de otros, o mis pies para transitar por otros senderos. Más aún, tomo otro paso y es éste. Tomo mis manos, las lleno de Cristo y las elevo. Esto significa que estoy aquí para el servicio de Dios, y todo mi cuerpo está dedicado a su servicio.

4 DE NOVIEMBRE

El que me ha visto a mí, ha visto al Padre (Juan 14:9).

El gran mensaje de la Biblia es que el Verbo se hizo carne. Hubo una época en que no sabíamos lo que eran la gracia y la verdad. Ahora bien, la gracia no es más algo abstracto, pues en la vida del Señor Jesús hemos visto cómo la gracia vive y se mueve entre los hombres. Podríamos decir que ha llegado a hacerse carne. De igual manera, no sabíamos lo que era la verdad, o la santidad, o la paciencia, hasta que las vimos en Cristo Jesús.

Dios es amor pero, sin embargo, ignorábamos la manera en que él amaba. Ahora hemos visto a este amor descender hasta nosotros en la persona de Jesús de Nazaret. No comprendíamos lo que era la espiritualidad pensando que un hombre espiritual no reía y no lloraba, y que estaba totalmente exento de sentimientos humanos. ¡Qué equivocados estábamos! En las sonrisas y lágrimas de nuestro Señor comprendemos lo que en realidad es la espiritualidad. En Dios estas cosss estaban demasiado lejos para que las pudiéramos apropiar. En Jesús las tenemos a nuestro alcance.

5 DE NOVIEMBRE

Aún seré solicitado por la casa de Israel, para hacerles esto (Ezequiel 36:37).

En este pasaje Dios está expresando su propósito de aumentar la casa de Israel como un redil. Aquellos que no están familiarizados con Él preguntarán por qué, si Él se ha propuesto hacerlo, sencillamente no produce el aumento. Sin duda, nadie podría impedírselo. Sin embargo, en este pasaje Dios establece su condición. Lo hará si es consultado por la casa de Israel, y ésta se lo solicita. El principio es inconfundible. Dios tiene un propósito ya determinado pero no lo impondrá por la fuerza.

Podemos aplicar esto a la función de la Iglesia delante de Dios hoy. Nunca debemos pensar de la Iglesia como un mero lugar de reunión. No. La Iglesia es un grupo de personas redimidas por la sangre preciosa, regeneradas por el Espíritu y encomendadas en la mano del Señor para el rol de inquirir de Él por medio de la oración, hasta que su voluntad se realice en la tierra. Aun el más pequeño grupo de creyentes que ora contribuye a este fin. Dios hará lo que se ha propuesto, por medio de la oración de la Iglesia.

6 DE NOVIEMBRE

Pero cuando agradó a Dios, que me apartó desde el vientre de mi madre, y me llamó por su gracia, revelar a su Hijo en mí... (Gálatas 1:15, 16).

Dios había apartado a Pablo antes de su nacimiento. Aun la profesión que desempeñó antes de su conversión fue planificada. Así obra el Señor. Todo lo que te ha ocurrido antes y después de tu salvación tiene un significado bien definido. Sea cual fuere tu carácter y tu temperamento, tus puntos fuertes y tus debilidades, todos son sabidos de antemano por Dios y preparados con vistas a un servicio futuro. No existen accidentes pues todo cabe bajo la providencia de Dios. Nada ocurre por casualidad.

Habiendo sido así apartados desde el nacimiento, ninguno de nosotros puede actuar con frivolidad o indiferencia en su actitud hacia la vida. Cada uno de nosotros debe procurar descubrir cual es el propósito de Dios para nuestra vida, y en su tiempo y manera, entrar de lleno en él. Dios no descarta como inútiles los días antes de nuestra conversión. No espera que neguemos los elementos humanos de nuestro ser, pretendiendo dar otra impresión. Esto sería falso e irreal. Él tiene planes para las personas que en realidad somos y propone utilizarnos en su servicio, purificados por la cruz.

7 DE NOVIEMBRE

David danzaba con toda su fuerza delante de Jehová; y estaba David vestido con un efod de lino (2 Samuel 6:14).

Mical, la hija de Saúl, vio a su esposo danzando delante del arca de Dios y le menospreció en su corazón. Ella pensaba que David debía mantener su dignidad como rey, tal como lo había procurado su padre, pero David veía las cosas de manera diferente. En la presencia de Dios se veía a sí mismo indigno y vil, sin base alguna para su aceptación. En el trono era el rey de Israel pero delante del área de Dios estaba al mismo nivel que sus súbditos.

Aun después que Dios le había rechazado, el rey Saúl procuró mantener su dignidad pidiéndole al profeta Samuel que le honrara delante de la nación. Mical estaba ahora incurriendo en el mismo error. Habiendo nacido en el propio palacio real ella consideraba que David merecía la dignidad de rey en la presencia de Dios. Quizás, igual que su padre, ella también estaba pensando en su propia majestad. Este enfoque de la vida es negativo y no produce frutos. El que está investido de verdadera autoridad actúa de otra manera. No será altivo ni procurará aferrarse para preservar su posición sino que será manso y humilde delante de Dios, un modelo para su pueblo.

8 DE NOVIEMBRE

Todo lo que pidieres al Padre en mi nombre, lo haré, para que el Padre sea glorificado en el Hijo (Juan 14:13).

En los capítulos 14, 15 y 16 de Juan la frase «en mi nombre» aparece repetidamente. No sólo indica que Él recibirá de su Padre un nombre que es sobre todo otro nombre, sino también que su nombre es algo que sus discípulos pueden emplear. El nombre de Jesús es lo que Él ha recibido de Dios: «en el nombre de Jesús» es lo que los hijos de Dios comparten. Nos ha confiado algo de tremendo valor. ¿Nos damos cuenta que es el legado más grande que nos podría haber confiado?

A veces solemos decir a un amigo: «Ve y dile a fulano que haga esto o aquello», agregando: «si te cuestiona, dile que yo lo digo». Esto es lo que involucra la frase «en mi nombre». Es sencillamente emplear el nombre con la autoridad que lo respalda. Si tú le das tu nombre con su autoridad a cierta persona, serás entonces responsable de lo que él hace con el empleo de tu nombre. El nombre de Jesús es singular. Es un nombre sobre todo otro nombre. Sin embargo, está dispuesto a confiarnos su nombre y a asumir la responsabilidad por lo que hacemos con ese nombre. ¿Apreciamos debidamente el honor que nos confiere?

9 DE NOVIEMBRE

Yo también te digo, que tú eres Pedro, y sobre esta roca edificaré mi iglesia (Mateo 16:18).

Recordamos que poco tiempo después el Señor tuvo que reprender a Pedro con las palabras: «¡Quítate de delante de mí, Satanás!» ¿Cómo podría ser que un hombre influenciado por Satanás llegara a ser empleado para la edificación de una iglesia ante la cual las mismas puertas del infierno se mostrarían impotentes? Sabemos que no podría. Aunque Simón había recibido el sobrenombre de Pedro (piedra), su carácter no correspondía con su nombre, y por lo tanto, todavía no podía emplear las llaves del reino.

Nadie que tenga un temperamento inconstante puede ejercitar un ministerio de abrir puertas para que otros entren en la vida. Debe haber una correspondencia entre el carácter del siervo y la verdad firme y aun desafiante que debe ministrar, a saber, que Cristo murió y resucitó vencedor de la muerte. Para Pedro esto era todo futuro. Lamentablemente, los poderes del infierno con frecuencia prevalecen sobre la obra porque sus siervos carecen de esa confianza. Alabemos a Dios que la cruz ha liberado recursos suficientes para transformar a Pedro, y librar de la muerte a todos los que confían en Él.

10 DE NOVIEMBRE

Levántate, vete a Sarepta ... he aquí yo he dado orden allí a una mujer viuda que te sustente (1 Reyes 17:9).

Dada nuestra inclinación a mirar a los baldes de agua y olvidar la fuente donde se llenan, Dios con frecuencia cambia los medios de provisión para mantener fija nuestra mirada en Él. Es así cómo descubrimos que los cielos que antes nos enviaban lluvias se tornan en bronce; los arroyos que nos refrescaban se secan, y los cuervos que nos traían nuestro alimento diario ya no nos visitan. Entonces Dios nos soprende supliendo nuestras necesidades por medio de una pobre viuda y así experimentamos los maravillosos recursos divinos.

Nosotros somos los representantes de Dios en este mundo y estamos aquí para demostrar su fidelidad. Nuestra actitud, nuestras palabras y nuestras acciones deben declarar al unísono que Él sólo es nuestra fuente de provisión. De lo contrario, la gloria que es suya le será quitada. El que ve en secreto tomará nota de nuestras necesidades, y las suministrará no con medida escasa, sino «conforme a sus riquezas en gloria en Cristo Jesús» (Fil. 4:19)

11 DE NOVIEMBRE

He aquí, yo estoy contigo ... no te dejaré hasta que haya
hecho lo que te he dicho (Génesis 28:15).

Dios es un Dios de acción. Nosotros podemos pensar que la sana
doctrina es el único medio de gracia, pero sus medios son prácticos
y emplea experiencias para disciplinarnos, y permite una hueste de
circunstancias en nuestra vida para nuestra capacitación y provecho.
Quizás, al igual que Jacob, no le ofrecemos un material adecuado o
prometedor, pero Él sigue trabajando pacientemente con nosotros.
Él es más tenaz que nosotros en la persecución de sus objetivos.

Además, podemos tomar aliento en el hecho que no necesitamos
saber qué obra es todavía necesaria en nuestras vidas, o cómo debe
realizarse a fin de que Dios pueda lograr lo que se ha propuesto con
nosotros. Las personas que menos prometen son las que están mal y
lo ignoran, pero aun para ellas Dios tiene maneras de introducir la
luz en medio de su oscuridad. En su tiempo y a su manera, Él
culminará la tarea que se ha impuesto.

12 DE NOVIEMBRE

La obra de cada uno se hará manifiesta; porque el día la
declarará (1 Corintios 3:13).

Si la madera y el heno son materiales inadecuados para construir,
¡qué podemos decir de la hojarasca! Parece representar lo menos
confiable de todo lo que puede producir el esfuerzo humano. Cuando
construimos para Dios de acuerdo a nuestros sentimientos, de
acuerdo al antojo del momento o al aplauso de la multitud, estamos
construyendo con hojarasca. El día lo declarará.

Los trabajos que están gobernados no por el programa de Dios
sino por nuestras propias emociones inestables pueden aparentar
mucho progreso por algún tiempo, pero luego decaen con gran
facilidad. Así es fácil depender de una corriente de avivamiento para
despertar un esfuerzo emocional que dura unos pocos días y luego
se disipa. Dios ha hecho provisión en Cristo para mejores y más
estables construcciones que esa tal como, en última instancia, el día
lo declarará.

13 DE NOVIEMBRE

*Él [Cristo] apareció para quitar nuestros pecados, y no
hay pecado en él. Todo aquel que permanece en él, no peca*
(1 Juan 3:5, 6).

Algunos de nosotros nos forzamos a hacer cosas que no queremos
y a vivir una vida que en realidad no podemos vivir, y pensamos
que al hacer este esfuerzo estamos viviendo una vida cristiana. Esto
está muy lejos de ser lo que Dios nos ofrece en Cristo. La vida
cristiana se vive cuando yo recibo la vida de Cristo como un don
para vivir por medio de ella.

La naturaleza de la vida de Cristo no ama al mundo sino que se
distingue de él. Valora la oración, la Palabra y la comunión con
Dios. Estas son cosas que no hago naturalmente. Por naturaleza me
tengo que forzar a hacerlas. Pero Dios nos ha provisto de otra
naturaleza y Él quiere que yo me beneficie de la provisión que Él ha
hecho. Dios establece el nivel para nuestra vida pero Cristo nos
muestra su almacén. Poder, vida, gracia de Dios, todo está a nuestra
disposición para que nos elevemos al nivel que Dios quiso para
nosotros.

14 DE NOVIEMBRE

*Dijo Jacob cuando los vio: Campamento de Dios es este, y
llamó el nombre de aquel lugar Mahanaim* (Génesis 32:2).

El ver a estos ángeles de Dios debería haber sido lo suficiente
para darle seguridad a Jacob en su regreso a Canaán. Sin embargo,
los versículos siguientes nos dicen cómo el temor a su hermano se
apoderó de él, y cómo esto le condujo a dividir su gente y posesiones
en «dos campamentos». En el hebreo se emplea la misma palabra
«Mahanaim», o sea dos campamentos, que Jacob había empleado
antes en el versículo 2. Él ahora había sustituido el *mahanaim* de
Dios por sus dos campamentos. Antes había dos campamentos, a
saber, el celestial, formado por los ángeles de Dios, y el terrenal, o
sea el suyo propio. Ahora olvida aquello y forma dos campamentos
dividiendo su compañía terrenal en dos grupos. Es entonces cuando
hace su primera oración verdadera.

En los primeros años de Jacob todo era sagacidad, estrategia y negocio, y nada de oración. Ahora es estrategia y oración. No obstante, si oramos no será necesario elaborar estrategias sagaces. Si así lo hacemos no habrá sentido en orar. Jacob hizo las dos cosas. Por una parte confió en Dios y por la otra desarrolló su propia estrategia. Felizmente para él, fue esa noche que Dios le salió al encuentro y luchó con él (vv. 22-32).

15 DE NOVIEMBRE

Así alumbre vuestra luz delante de los hombres, para que vean vuestras buenas obras, y glorifiquen a vuestro Padre que está en los cielos (Mateo 5:16).

La vida divina implantada en nosotros, tan extraña al mundo que la rodea, es una fuente de luz diseñada por Dios para iluminar el verdadero carácter del mundo. Lo hace enfatizando por contraste la oscuridad inherente del mundo. De esto surge con claridad que el separarnos del mundo de hoy, y así privarle de la única luz, no es la forma de glorificar a Dios. Sólo frustra su propósito de servir a la humanidad por medio nuestro.

Para emplear otro símil, la Iglesia es una espina en el costado del adversario de Dios, una fuente de constante perturbación para él. Le causamos un montón de trastornos a Satanás por el solo hecho de estar en el mundo. ¿Por qué, entonces, dejarlo? La Iglesia glorifica a Dios, no por salir del mundo, sino por irradiar su luz en él. El cielo no es el lugar para glorificar a Dios sino para alabarla. El lugar para glorificarle es aquí, en el mundo.

16 DE NOVIEMBRE

He puesto delante de ti una puerta abierta, la cual nadie puede cerrar (Apocalipsis 3:8).

Si Dios ha de tener un testimonio en el mundo hoy deberá contar con el servicio de todos sus siervos que tengan menores dones, los que podríamos llamar «hombres de un solo talento». Podríamos pensar que si el Señor tuviera gracia para con su Iglesia daría más hermanos como Pedro y Pablo, pero la verdad es que rara vez lo hace. La Iglesia de Dios está llena de creyentes ordinarios «de un solo talento». Si tan sólo abandonáramos nuestras ambiciones personales y en vez buscáramos formas en que ellos puedan servirla, ocurrirían cosas maravillosas.

La Iglesia requiere líderes pero también necesita hermanos. Creo en la autoridad pero también creo en el amor fraternal. En Filadelfia respetaban la autoridad pues guardaban la palabra del Señor y no negaban su nombre. Filadelfia en griego significa «amor fraternal». Fue a estos hermanos y hermanas que vivían en amor, a quienes se les dio una puerta abierta. Que los hermanos se propongan servirle juntos y no esperar a los especialistas. Entonces comenzaremos a ver lo que es verdaderamente el servicio de la Iglesia.

17 DE NOVIEMBRE

Vosotros sois mis testigos. No hay Dios sino yo. No hay Fuerte; no conozco ninguno (Isaías 44:8).

Testificar no consiste en diseminar conocimiento que ya todos tienen, sino señalar a una verdad que pocos conocen. Dadas las condiciones generales del mundo antiguo, Dios quiso tener en él un testimonio, un pueblo y una tierra donde las cosas eran distintas. Por medio de ellos traería la buena noticia de su justicia y benignidad a todas las naciones del mundo.

Nuestra comisión es la misma. Una comunión íntima con Dios, exhortarnos unos a otros con fidelidad, vidas cristianas hermosas, etc., no son suficientes. Debe haber testimonio. La Iglesia es comparada a un candelero de oro y no a un adorno. Tampoco es suficiente que sea de oro, sino que debe irradiar la luz de Dios a cada rincón oscuro de este mundo.

18 DE NOVIEMBRE

...los hijos están exentos. Sin embargo, para no ofenderles ... dáselo por mí y por ti (Mateo 17:26, 27).

Dios jamás había establecido que su Hijo pagara el impuesto del templo, y como Hijo de Dios no había necesidad alguna para ello. En realidad, parecería impropio que lo hiciera pues así se estaría colocando en la posición de «extraño» (v. 25). ¿Por qué lo hizo, entonces? «Para no ofenderles.»

¿Se te ha ocurrido que el mismo Hijo de Dios pronunció estas palabras? Por supuesto que jamás se cruzaría por nuestra mente que Él intentara evadir un impuesto, pero esto no es el caso aquí. Era más bien cuestión de renunciar a un privilegio. Así es el camino de la cruz, y el principio involucrado es significativo y penetrante. La cruz de Cristo nos presenta con esta expresión de la voluntad de Dios, a saber, que igual que el Señor Jesús, nosotros somos llamados a renunciar a lo que disfrutamos a fin de que otros no se ofendan.

19 DE NOVIEMBRE

> *Pues me propuse no saber entre vosotros cosa alguna sino a Jesucristo, y a éste crucificado. Y estuve entre vosotros con debilidad, y mucho temor y temblor* (1 Corintios 2:2).

La primera de estas dos declaraciones se aplica al mensaje de Pablo, mientras que la segunda habla de su persona. Dios requiere que los que proclaman la cruz hayan sufrido la cruz —hayan llegado a saber— que, tal como lo dice Pablo, están crucificados junto con Cristo. Con frecuencia pensamos que cuando una persona como Pablo se levantaba para predicar, lo hacía con confianza en la fuerza de sus propios recursos. Sin embargo, el tema de Pablo era Jesucristo «crucificado en debilidad» (2 Co. 13:4), y por lo tanto era necesario que él lo comunicara consciente de su propia debilidad.

Debemos permitir que Dios anule nuestra autosuficiencia. Cuando confesamos delante de Él que nada podemos hacer en nuestras propias fuerzas, entonces Cristo podrá manifestar su poder sobre nosotros. Lo que ha pasado por la muerte de la cruz y vuelve a surgir en vida, es de Dios, y en consecuencia significará algo poderoso para Él.

20 DE NOVIEMBRE

El mundo los aborreció, porque no son del mundo, como tampoco yo soy del mundo (Juan 17:14).

Mirando desde el punto de vista de la elección de Dios, somos sacados del mundo, pero del punto de vista de nuestra nueva vida no pertenecemos para nada al mundo, sino que somos de arriba, de origen celestial. Como pueblo de Dios, el cielo no es para nosotros tan sólo nuestro destino, sino también nuestro lugar de origen. Esto es algo maravilloso, el pensar que en ti y en mí hay un elemento que es esencialmente extra-mundial. Tan de otro mundo es, que no importa cómo o cuánto progresa este mundo, ese elemento que hay en nosotros nunca puede asemejarse a él. La vida que tenemos como don de Dios no tiene correspondencia alguna con el mundo, pero sí está en perfecta correspondencia con el cielo.

Aunque estemos en contacto con el mundo diariamente nunca nos permitirá afincarnos y sentirnos cómodos aquí. Tan pronto el mundo toma contacto con aquello que en nosotros es de origen divino, su hostilidad se manifiesta de inmediato. Por otra parte, esto no es de sorprender, pues no importa cuánto evolucione el mundo, jamás podrá producir un solo cristiano.

21 DE NOVIEMBRE

Así ha dicho Jehová: Haced en este valle muchos estanques (2 Reyes 3:16).

La historia de Israel demuestra vez tras vez cómo la incredulidad del hombre puede limitar la omnipotencia de Dios. Por supuesto, el hombre no tiene derecho alguno de tomar lo que Dios no le ha dado, pero con cuánta frecuencia encontramos lo opuesto, que realmente toma posesión apenas de una fracción de lo que podría haber tomado. Es un hecho solemne que el ejercicio del poder por parte de Dios puede ser limitado por la incredulidad de su pueblo.

En esta ocasión en que fueron batidos Mesa y los moabitas, la situación fue distinta. La fe prevaleció y hubo un maravilloso despliegue de poder divino, pero sólo se concretó cuando los hombres obedecieron las instrucciones de Eliseo y se abocaron a la agotadora y monótona tarea de cavar. Las zanjas que el pueblo cavó abrieron el camino para que Dios derramara su poder milagroso. Con frecuencia, aun en el día de hoy, las aguas de bendición divina encuentran su cauce por medio de canales humanos.

22 DE NOVIEMBRE

Ahora está turbada mi alma; ¿y qué diré? (Juan 12:27)

Las oraciones de nuestro Señor siempre fueron oraciones perfectas. Entrando en Jerusalén y enfrentando a la cruz, se detuvo para formularse esta pregunta: «¿Qué diré?» Jesús no tenía temor a la muerte pero, sin embargo, tenía sus propios sentimientos. Consideró el asunto cuidadosamente y pensó: «¿Diré, Padre, sálvame de esta hora?» ¡No! No podía hacer esa oración porque sabía con que propósito había arribado a esa hora. De manera que ora: «Padre, glorifica tu nombre». Esa oración fue contestada de inmediato.

Si nuestro Señor, como hombre en la tierra y conociendo la clave de la oración, tuvo que dejar a un lado deliberadamente su voluntad y buscar la de su Padre, ¿cómo podemos nosotros, en forma impulsiva, emplear nuestros labios para expresar palabras vagas en nuestras oraciones a Dios? Preguntémonos: «¿Qué diré?» y luego respondamos a la pregunta en términos consecuentes con la actitud y respuesta de Jesús. Así podremos comprobar y experimentar la perfecta voluntad de Dios.

23 DE NOVIEMBRE

Del vaso que yo bebo, beberéis, y con el bautismo con que yo soy bautizado, seréis bautizados (Marcos 10:39).

Santiago y Juan deseaban sentarse al lado del Señor en la gloria. Sin embargo, sabiendo lo impropio de tal pedido, no se animaban a formularlo en forma directa, y le pidieron: «Querríamos que nos hagas lo que pidiéremos». Jesús no lo cumplió de inmediato sino que les pidió concretamente lo que querían. Su pedido tenía un doble significado. Por una parte estaba el deseo de estar cerca del Señor, y por el otro, la ambición de ejercer más autoridad que los demás.

Era muy natural que desearan estar cerca del Señor, y Él no rechazó tal deseo. Sencillamente les aseguró que para ver ese deseo cumplido debían beber de la copa de su sufrimiento y ser bautizados con su bautismo de muerte y resurrección. Estos dos hermanos no sabían lo que estaban pidiendo, pero Jesús no se lo reprochó. Tampoco los enjuició por sus otras ambiciones, pero les hizo saber que lo que querían no se obtenía con sólo pedir. La cercanía a Jesús en el futuro, requiere tan sólo una condición: vivir cerca de Él *ahora.*

24 DE NOVIEMBRE

Al que nos amó, y nos lavó de nuestros pecados con su sangre ... a él sea gloria e imperio por los siglos de los siglos. Amén (Apocalipsis 1:5, 6).

Cada vez que recordamos que nuestra redención fue lograda por la sangre preciosa de Cristo, nuestros corazones se inflaman de gratitud y alabanza. En realidad, es lo único que podemos hacer pues en este asunto tan vital no hay necesidad de pedir nada, y en efecto sería impropio hacerlo. No le podemos invitar al Señor a que haga lo que ya ha hecho. Sólo podemos agradecerle de corazón.

La gratitud toma en cuenta la obra del Señor a nuestro favor, pero la alabanza va un paso más adelante. Le alabamos por lo que Él es. En primera instancia la gratitud nos sobrecogió, pero al menguar la novedad no dejó detrás de sí un vacío, pues nuestra relación no es con un evento, sino con una Persona. No sólo con una acción, sino con el mismo Autor de la acción. Gradualmente el Señor mismo viene a llenar nuestra visión; la gratitud cede lugar a la alabanza, y exclamamos: «¡Cuán maravilloso Salvador es Jesús el Señor!»

25 DE NOVIEMBRE

Te haré entender, y te enseñaré el camino en que debes andar (Salmo 32:8).

El caballo y el mulo pueden ser obligados a hacer lo que quiere su dueño, aunque para lograrlo tenga que emplear el cabestro y el freno (v. 9) y aun a veces el látigo. Dios, sin embargo, nunca tuvo la intención de dirigir a sus hijos de esa manera. El caballo y el mulo son «sin entendimiento», pero sus hijos pueden disfrutar una relación tan íntima con Él que una sola insinuación de su deseo puede ser suficiente para lograr una respuesta de ellos.

El conocimiento de la voluntad de Dios no radica tanto en métodos correctos como en ser el hombre correcto. Si el hombre no está en la correcta relación con Dios, no habrá método que le sirva para aclararle su voluntad. Si el hombre está bien con el Señor, el conocimiento de su voluntad será relativamente sencillo. Esto no significa que descartemos métodos, pero debemos resaltar que aunque tengamos el más cabal conocimiento de un método para conocer su voluntad, permaneceremos en la ignorancia si no estamos caminando en una quieta intimidad con Él.

26 DE NOVIEMBRE

¿Quién es el que vence al mundo, sino el que cree que Jesús es el Hijo de Dios? (Juan 5:5).

Todos descubriremos que el progreso espiritual de nuestra vida delante de Dios viene precedido invariablemente por una falta de satisfacción con nosotros mismos. Todo progreso comienza con falta de satisfacción. Es necesario que seamos presionados hasta llegar a un punto en que reconozcamos haber llegado al fin de nuestros recursos, y que *debe* existir otra salida.

Cristo es nuestra salida. Cristo en nosotros reacciona a nuestro favor para responder a toda demanda exterior. Cuando mi tentación sea el orgullo, Cristo será mi humildad, si tan sólo le cedo el lugar en esa hora. Cuando surgen las pasiones, Cristo se expresará como mi paciencia. Cada una de las demandas de la vida diaria encuentra su respuesta en las muchas virtudes que surgen de esta única Vida, y es precisamente a través de lo que descubío de Cristo en mi hora de necesidad, que toma cuerpo mi progreso espiritual delante de Dios.

27 DE NOVIEMBRE

Se han extraviado siguiendo el camino de Balaam (2 Pedro 2:15).

Balaam fue un profeta que trabajaba por lucro. Él comercializó el ministerio profético. No ignoraba la mente de Dios y estaba bien consciente que Israel era un pueblo al cual Dios bendeciría. Además, Dios le había prohibido explícitamente a que cumpliera con el pedido de Balac, y maldijera a Israel. Sin embargo, la grande recompensa lo cebó. ¿Cómo podría hacer para obtenerla? Decidió que procuraría lograr que Dios invirtiera su decisión.

Su plan fue puesto en práctica y al principio parecía tener éxito. Dios, en efecto, le concedió el permiso que antes le había negado. Le permitió a Balaam seguir el camino que había escogido y que según el texto citado, estaba muy lejos de ser el «camino recto». ¡Qué terrible que Dios nos permita ir por nuestro propio camino de codicia, en lugar de transitar por el sendero del Señor!

28 DE NOVIEMBRE

Nosotros como vuestros siervos por amor de Jesús (2 Corintios 4:5).

Debemos recordar que por causa de Cristo somos siervos de otros, y no sólo debemos dedicarle a ellos nuestra fuerza y nuestro tiempo, sino también nuestro afecto. Las demandas de Dios a aquellos que le sirven son muy exigentes. No nos permite horas de ocio para emplear a nuestro antojo. Si nos aferramos a nuestros placeres y penas, rehusando ceder nuestros propios intereses, seremos como una habitación que está llena de muebles y no deja lugar para las personas.

Dicho de otra manera, habremos gastado todas nuestras emociones en nosotros mismos y no nos quedará para los demás. Debemos reconocer que hay un límite a la fuerza de nuestra alma, así como las fuerzas físicas también tienen su límite. Nuestros poderes emocionales no son ilimitados. Si agotamos nuestros afectos en un área, no nos quedarán para emplear en la otra. Aprendamos a entrar en los sentimientos de otros por amor de Aquel que se introdujo en nuestros sentimientos.

29 DE NOVIEMBRE

Si el grano de trigo no cae en la tierra y muere, queda solo;
pero si muere, lleva mucho fruto (Juan 12:24).

«Si muere....» ¿Qué es esta muerte? Es el resquebrajamiento de
la cáscara por el efecto de la temperatura y la humedad, para que la
verdadera vida dentro del grano se pueda expresar. Es muy posible
que el cristiano tenga la vida del Señor en él, pero que esa vida esté
confinada y suprimida por la dura cáscara de la naturaleza humana.
Así tenemos el triste caso de un creyente sin fruto. En tal caso, no se
plantea un problema de obtener vida, pues esa vida ya vino en el
momento de la conversión. El problema está en cómo liberar esa
vida para que crezca y se haga fructífera.

Si nos envolvemos en nuestra cáscara, natural y resistimos el
llamado del Señor a llevar su cruz y ser quebrantados, estorbaremos
la posibilidad de una vida con fruto que glorifique a Dios. Quizás
podamos disfrutar algo de bendición interior nosotros mismos, pero
es sólo cuando esa vida interior se difunde a nuestro alrededor que
los demás reciben bendición de nuestras vidas.

30 DE NOVIEMBRE

Siendo justificados gratuitamente por su gracia (Romanos
3:24).

La palabra griega que aquí se traduce «gratuitamente» es la misma
que se traduce «sin causa» en Juan 15:25 donde Jesús cita el Salmo
35:19. De manera que al decir que la gracia de Dios nos justifica
gratuitamente, significa que nos justifica sin causa o razón. Dado
que la gracia es gratuita no está condicionada en absoluto al estado
de quien la recibe. Aquellos que se consideran bastante buenos están
tan necesitados de la gracia de Dios como aquellos que, como Pablo,
se consideran «el primero» de los pecadores (1 Ti. 1:15).

Dios no dará menos gracia a los que han pecado más, y más gracia
a los que han pecado menos. En ningún sentido debe considerarse a
la gracia como una recompensa. En la esfera donde opera la gracia,
tanto el pecador como sus obras, son puestos completamente a un
lado. Dios nos salva sin causa.

1 DE DICIEMBRE

No resistáis al que es malo; antes, a cualquiera que te hiera en la mejilla derecha, vuélvele también la otra (Mateo 5:39).

¿Qué es lo que nos enseña el Sermón del Monte? ¿No es que dentro de nosotros, sus hijos, Dios ha plantado una nueva vida; que esa vida nos impone demandas singulares, y que en nuestra conducta con los hombres no estaremos satisfechos con nada menos que el cumplimiento de esas demandas? El Sermón no nos dice que con tal que procedamos correctamente todo estará bien. Los hombres podrán protestar y decir: «¿Por qué darle la otra mejilla? ¡Seguramente será suficiente si soportamos el golpe en una mejilla con humildad y sin reaccionar!» Sin embargo, Dios habla de otra manera. Si cuando te hieren en una mejilla, tan solo inclinas la cabeza y te retiras, encontrarás que en tu vida interior no estarás satisfecho.

Muchos dicen que las demandas de Mateo capítulos 5 a 7 son demasiado difíciles, y más allá de nuestro alcance. Lo admito; son imposibles, pero toma en cuenta esto: Tienes una vida interior, y en situaciones dadas esa vida no te dará reposo hasta que hagas como lo requiere el Sermón del Monte. Si las demandas de la vida del Hijo de Dios en ti son satisfechas, Dios se hará cargo de las consecuencias. No nos atrevamos a conformarnos con menos de lo que a Él le satisface.

2 DE DICIEMBRE

Suba mi oración delante de ti como el incienso (Salmo 141:2).

La verdadera oración proviene del deseo de corazón y no de la imaginación de nuestras mentes. Surge de un profundo anhelo interior por la voluntad de Dios. Por este motivo el salmista rogaba que su oración ascendiera a Dios como incienso. Todo el perfume del Antiguo Testamento venía de árboles de incienso. Para obtenerlo se efectuaban sucesivas incisiones en la corteza, y del árbol manaba una resina blanca con la cual se confeccionaba el incienso. De manera que la oración no es pedir lo que primero nos viene a la mente. Es la presentación de algo extraído con dolor del interior del corazón, como si goteara de nuestras mismas heridas.

¡Qué distinto es esto de las prefabricadas oraciones que a veces ofrecemos! Oraciones que son buenas para ser oídas, pero vacías de contenido. Dios también las contesta, pero recordemos bien que nuestras oraciones son para ser oídas por Dios y no para afectar placenteramente los oídos de nuestros hermanos. Dios mira el corazón.

3 DE DICIEMBRE

Donde esté vuestro tesoro, allí estará también vuestro corazón (Mateo 6:21).

Un hermano me dijo en cierta ocasión: «Mi tesoro está en la tierra, pero mi corazón está en el cielo». ¡Tal hermano debería estar en la exposición de un museo cristiano, como un ejemplar de suma rareza! Esto es más que un milagro porque nuestro Señor dijo que era imposible.

Mamón (las riquezas) es un ídolo al cual muchos han servido en los años pasados y han descubierto que tal servicio aprisiona el corazón. La palabra del Señor es franca y segura. El corazón siempre sigue al tesoro. No hay forma de escapar de esta realidad. No importa de qué manera razonamos, el hombre no puede servir a Dios y a Mamón. Debemos elegir uno u otro.

4 DE DICIEMBRE

De buena gana me gloriaré más bien en mis debilidades, para que repose sobre mí el poder de Cristo (2 Corintios 12:9).

En esta experiencia la disciplina del Espíritu Santo le conduce a Pablo a un nuevo descubrimiento. Ya ha pasado por muchas adversidades y no es un hombre que tema al peligro o la enfermedad, pero en este momento está siendo severamente probado. El aguijón en su carne no es un aguijón común. Si Pablo dice que es doloroso, debe ser doloroso de verdad. Está debilitado, pero en esa condición Dios dice que le suministra gracia que es «suficiente». Así Pablo ha hecho un doble descubrimiento. No sólo reconoce el poder de Dios sino también su debilidad, y no se avergüenza de reconocerlo.

Innumerables creyentes han sido ayudados a través de pruebas y tribulaciones por medio de esta revelación que Dios le dio a Pablo. ¡Oh, si tan sólo tomáramos conciencia de lo débiles que somos! Tan pronto la debilidad se aleja, también se aparta el poder. Al igual que con Pablo, las pruebas que tú y yo atravesamos perfeccionan las palabras que expresamos. De esta manera, admitiendo nuestra propia debilidad, hablamos palabras templadas por la prueba, y nuestros hermanos y hermanas que también están pasando por pruebas recibirán del Señor gracia y fuerza que les permitirá atravesarlas con victoria.

5 DE DICIEMBRE

Hizo Jacob voto, diciendo: Si fuere Dios conmigo, y me guardare en este viaje en que voy ... Jehová será mi Dios (Génesis 28:20, 21).

¿No es verdad que hiciste un voto cuando te convertiste al Señor? Aunque quizás hayas realizado un acto interesado, al igual que Jacob, tu corazón estaba bien. Al disponerte a tomar el camino del Señor tu corazón estaba en la actitud correcta.

¿Pero has sido también como lo fue Jacob después? Al día siguiente echó tras sus espaldas su promesa. Viajó hacia el oriente y, lejos de confiar en Dios, comenzó de inmediato a maniobras con su sagacidad para lograr el éxito. No puso su confianza en Aquél a quien le había pedido protección, vestido y alimento, sino que se apoyó en sí mismo. ¡Qué bien nos representa a nosotros! Miró a Dios pero confió en su propia inteligencia. Sin embargo, Dios preparó a Labán, un hombre mucho más inteligente que Jacob. Paso a paso, por medio de la adversidad, fue llevado hasta volver precisamente a su voto inicial, hasta que finalmente sólo podía confesar que era indigno de la más pequeña de las mercedes de Dios.

6 DE DICIEMBRE

Han lavado sus ropas, y las han emblanquecido en la sangre del Cordero (Apocalipsis 7:14).

Sólo podemos ser justificados al ser limpiados por la sangre de Cristo. Dios sólo ofrece este camino y no hay otro. No sólo nuestros pecados sino también nuestro comportamiento debe ser limpiado. Ni una sola acción de cualquier creyente es originalmente pura. Aunque tengamos algo de justicia es una mezcla y no es pura. Con frecuencia nos portamos exteriormente con gentileza y amabilidad, pero por dentro puede haber resentimiento o amargura. Cuántas veces hemos sido pacientes con alguien, y luego hemos vuelto al hogar quejándonos acerca de él. De manera que aun después de efectuar una obra justa necesitamos la limpieza de la sangre de Cristo.

De manera que ningún creyente se puede tejer un vestido que sea totalmente blanco. Si pudiera hacer uno que fuera noventa y nueve por ciento puro (¿y quién puede hacerlo?), todavía habría un uno por ciento de impureza. Aun nuestras buenas obras hechas en amor al Señor, requieren la limpieza de la sangre preciosa, pero así limpiados estaremos vestidos con blancura celestial.

7 DE DICIEMBRE

Mi causa está delante de Jehová, y mi recompensa con mi Dios (Isaías 49:4).

Nuestro Señor Jesús nunca se desanima. Fue enviado a este mundo para llevar a Jacob nuevamente a Dios, y para reunir a Israel pero, ¿con qué resultado? Aparentemente no tuvo éxito, y es más, de acuerdo a evaluaciones humanas, fue totalmente derrotado porque Jacob no volvió a Dios ni tampoco Israel lo aceptó. Por el contrario, los judíos rechazaron a Jesús y lo ejecutaron como a un criminal.

Si nosotros tuviéramos que vivir en el mundo rechazado por los hombres y quedar aparentemente sin fruto en nuestro servicio, con toda seguridad que nos sentiríamos afrentados y clamaríamos por justicia. No así el Señor. Él se había encomendado al Padre, y ni pérdida ni ganancia cambiaron su actitud. Sólo tuvo cuidado de una cosa: dejó su vindicación y recompensa en las manos del Padre. Si nuestra justificación con Dios está asegurada, también lo está la recompensa que recibiremos de Él.

8 DE DICIEMBRE

Quítense de vosotros toda amargura, enojo, ira (Efesios 4:31).

Soy cristiano y siento que una explosión de ira se levanta dentro de mí. No la puedo reprimir con sólo decir: «Con Cristo estoy juntamente crucificado», pues después tendré que admitir que si estaba realmente muerto, no hubiera perdido el genio. No, recitar sencillamente pasajes de la Biblia no produce resultados.

La cruz de Cristo no está destinada a aliviar nuestros síntomas, sino más bien para curar nuestra enfermedad. La enfermedad que produce la ira está relacionada con nuestro «ego». Que nadie trate de excusarse diciendo que es su predisposición ser ligero de genio, pues los que son más lentos para perderlo también lo manifiestan, aunque de otra manera. Debemos aprender a negarnos a nosotros mismos. Es así cómo se hace efectiva la muerte de Cristo en nosotros. Si estamos procediendo con nuestro ego delante de Dios como debemos, entonces nuestros temperamentos explosivos desaparecerán.

9 DE DICIEMBRE

El que bebiere del agua que yo le daré, no tendrá sed jamás (Juan 4:14).

El Señor Jesús ofrece satisfacción permanente a las almas. ¿Por qué, entonces, estamos con frecuencia insatisfechos? ¿Por qué seguimos anhelando dentro de nosotros por otras cosas? Hemos tomado debida atención de la promesa contenida en este versículo, pero, ¿no hemos pasado por alto la declaración que le procede? Señalando al pozo de Sicar Jesús había dicho: «Cualquiera que bebiere de esta agua, volverá a tener sed». Es «esta agua» la que ha vuelto a despertar nuestra sed y no puede satisfacerla.

Nunca podrá hacerlo. Nuestro error está en fundar nuestras

esperanzas —aun esperanzas cristianas— en las cosas pasajeras del tiempo. Esto explica nuestras desilusiones. La primera frase: «volverá a tener sed» fue necesaria para conducirnos a la segunda: «no tendrá sed jamás». Nosotros, a quienes el Señor desea satisfacer plenamente, necesitamos recordar que no debemos hablar de otras fuentes.

10 DE DICIEMBRE

> *Y caminó Enoc con Dios, después que engendró a Matusalén* (Génesis 5:22).

Nada sabemos de Enoc hasta que cumplió los sesenta y cinco años, pero después que engendró a Matusalén descubrimos algo especial: leemos que caminó por trescientos años con Dios, antes de que fuera llevado. Esto es muy significativo. Cuando le sobrevino la carga de tener una familia, Enoc tomó conciencia de su incapacidad. Sintió el peso de la responsabilidad y se acercó a Dios.

El relato no dice que caminó con Dios *sólo* después del nacimiento de Matusalén, sino que en forma individual mantuvo esta asociación personal como si estuviera convencido de que sin la intimidad con Dios, no podría criar a su hijo. Tampoco nos dice el relato que los hijos lo distrajeron de su comunión con Dios. Durante esos tres siglos tuvo muchos hijos e hijas, pero todo el tiempo caminó con Dios. La paternidad en sí no debiera impedir a los hombres y mujeres que caminen de esta manera con el Señor. Por el contrario, dado que la responsabilidad de criar una familia revela el verdadero estado espiritual de cada uno, con más razón debiera constreñirnos a vivir de esta manera. Cuando la peregrinación concluyó Enoc «desapareció, porque le llevó Dios» (Gn. 5:24).

11 DE DICIEMBRE

> *Para vosotros es la promesa, y para vuestros hijos* (Hechos 2:39).

La perspectiva bíblica presenta siempre a los hijos como un don de Dios. Él nos los ha confiado para su cuidado. No podemos decir:

«Este hijo es mío», como si fuera exclusivamente nuestro, y como si tuviéramos derechos ilimitados sobre él hasta que llegue a la mayoría de edad. Tal concepto es pagano y no cristiano. La Biblia nunca reconoce a nuestros hijos como si fueran exclusivamente nuestra propiedad privada. Son vidas encomendadas a *nuestro* cuidado, y debemos cuidarlas por cuenta del Dador.

Desde el principio Dios ve a la criatura como una persona con sus propios derechos y privilegios. Al ponerlo bajo nuestro cuidado no niega a la criatura el respeto, ni viola su libertad, ni le quita su personalidad independiente. Dios nos confía el hijo para su bien y para nuestro bien. Yo le diría a los padres que no sean tan exigentes en demandar obediencia absoluta de sus hijos, y que procuren antes ser buenos padres delante del Señor.

12 DE DICIEMBRE

Lo que es imposible para los hombres, es posible para Dios (Lucas 18:27).

Jesús acababa de decirles que si bien era absolutamente imposible que un camello pasara por el ojo de una aguja, era aun más imposible que un hombre rico entrara en el reino de Dios. Nosotros los creyentes somos todos como camellos; ya sea grandes o pequeños, pero camellos al fin. De manera que cuando Pedro oyó esta declaración quedó muy preocupado. Si para obtener la vida eterna debemos realizar tan complejas contorsiones, entonces, ¿quién podrá ser salvo? ¿Tendremos todos la necesidad de empobrecernos para ser salvos?

El Señor Jesús respondió al problema de Pedro con una sola frase. «Lo que es imposible para los hombres es posible para Dios». Lo que estaba mal en el joven rico no era tanto su riqueza, sino el hecho de que se fue triste. ¿Por qué no pidió la gracia del Señor? ¿Por qué no le pidió a Dios que hiciera lo imposible con él? El fracaso del hombre no es debido a su debilidad, sino a su falta de voluntad para que Dios le libre.

13 DE DICIEMBRE

¡Oh, si él me besara con besos de su boca! Porque mejores
son tus amores que el vino (Cantar de los Cantares 1:2).

Un beso es un acto de entrega de corazón, total y personal.
Significa que toda la atención está centrada en esa persona. (¡Nadie
puede besar a dos personas al mismo tiempo!) Por supuesto, siempre
puede haber un beso hipócrita como el de Judas, o la salutación
formal que Simón el Fariseo se olvidó de dar a Jesús, pero no tienen
lugar en este contexto. Las palabras son de uno cuyo corazón ha
sido cautivado por el Señor y que olvida toda otra persona en este
acto de devoción que hace del Señor su todo.

Tales personas anhelan la más íntima comunión con Dios. El beso
del perdón que le dio el padre al hijo pródigo fue dulce, pero esto es
algo más. Es la respuesta del Señor a la devoción de un corazón que
descubre que su amor excede a todo lo demás en la vida.

14 DE DICIEMBRE

Pida con fe, no dudando nada (Santiago 1:6).

Una vez un amigo mío tenía urgente necesidad de obtener ciento
cincuenta dólares. En aquella época vivíamos en una aldea ribereña
y las lanchas no hacían el servicio los días sábado y domingo. Ya
era sábado y necesitaba el dinero para el día lunes. Oró a Dios y
sintió seguridad de que el dinero llegaría el lunes. Al salir a predicar
el Evangelio se encontró con la persona que limpiaba los vidrios de
su casa, quien le recordó que le debía un dólar por trabajo efectuado.
De manera que le pagó, y se quedó tan sólo con un dólar en el
bolsillo. Un poco más adelante se encontró con un mendigo quien
le pidió una limosna. El último dólar que le quedaba le parecía muy
precioso, pero sintió que se lo debía dar al mendigo.

Al salir el dólar de su bolsillo el Señor entró. Se sintió muy feliz
sin tener en qué o en quién confiar, sino sólo en Dios. Volvió a su
casa y durmió en forma muy apacible. El domingo estuvo muy
ocupado como siempre en el servicio de Dios. Llegó el lunes y le
llegaron los ciento cincuenta dólares por vía telegráfica, a pesar de
ser éste un medio muy costoso para transferir dinero. Quizás Dios

no llegue temprano pero nunca llega tarde. Siempre está perfectamente a horario.

15 DE DICIEMBRE

El que quiera hacer la voluntad de Dios, conocerá si la doctrina es de Dios, o si yo hablo por mi propia cuenta (Juan 7:17).

Dios nos ilumina en la medida que Él ve que sinceramente deseamos conocer su voluntad y hacerla. Un corazón que está endurecido y busca lo suyo propio impide la entrada de luz divina. Si realmente anhelamos la luz de Dios, debemos ser dóciles, generosos y depender de Él.

En síntesis, debemos ser humildes pues siempre estamos expuestos al error. Lo que pensamos que es correcto quizás no lo sea; lo que opinamos como malo posiblemente esté bien. Podemos ver la oscuridad y pensar que es la luz, y la luz puede parecernos oscuridad. Es tan fácil para nosotros actuar con demasiada confianza y apresuramiento en estas áreas tan peligrosas. Es sólo la luz del Señor lo que puede mostrarnos el verdadero carácter de una cosa. Pidamos esa luz con el puro deseo de hacer su voluntad, pues la vida cristiana no debe estar llena de problemas, dudas, indecisiones y errores.

16 DE DICIEMBRE

Podría perseguir uno a mil, y dos hacer huir a diez mil? (Deuteronomio 32:30).

El cristianismo es singular en que no sólo es individual en su naturaleza, sino también corporativo. Hace posible la reunión de los santos. Otras religiones abogan por la piedad, pero sólo el cristianismo llama a las almas a reunirse en asamblea.

Aquí se promete que si bien uno puede perseguir a mil, dos podrán hacer huir a diez veces más. No sabemos cómo puede ser posible esto pues matemáticamente es incorrecto, pero es un hecho. Nosotros calcularíamos que si uno puede perseguir a mil, dos podrían perseguir a dos mil, pero Dios dice que no. Cuando dos de sus hijos se unen, Él dice que ocho mil más huirán. Este aumento en la efectividad es la ventaja que surge de reunirnos y trabajar juntos. Por lo tanto, no nos conformemos con tan sólo recibir gracia en la esfera personal. Dios puede hacer mucho más cuando estamos unidos.

17 DE DICIEMBRE

Al decir: Nuevo pacto, ha dado por viejo al primero; y lo que se da por viejo y se envejece, está próximo a desaparecer (Hebreos 8:13).

En Hechos 21 se nos relata que Pablo entró en el templo para cumplir un voto. No lleguemos a la apurada conclusión de que hizo mal en hacerlo. No podemos aplicar las normas finales de Dios a sus santos de todas las épocas, dado que su movimiento hacia el objetivo final es progresivo. Lo que se requiere de ti y de mí hoy no es alcanzar la meta final de Dios, sino que nos mantengamos en armonía con Él ahora. En ese período de su vida puede haber sido perfectamente correcto que Pablo se purificara en el templo de acuerdo con el Antiguo Pacto, pero lo que era adecuado entonces puede no haberlo sido en fecha posterior.

Desde el principio hasta el fin, el libro de los Hechos es un relato progresivo. Aun cuando el relato se cierra en el capítulo 28, el movimiento del Espíritu no cesa. La corriente sigue fluyendo a través de distintas generaciones, y todo el tiempo Dios está levantando a aquellos que harán su contribución específica a cada etapa de su avance.

18 DE DICIEMBRE

Ella dijo: Tu sierva ninguna cosa tiene en casa, sino una vasija de aceite (2 Reyes 4:2).

La plenitud del Espíritu no consiste en vaciarnos una vez para ser llenados para siempre. Más bien se trata de vaciarnos continuamente para ser llenados continuamente. La dificultad de la mujer fue la falta de vasijas. Se le dijo que pidiera vasijas prestadas, y «no pocas»; lo que equivale a decir: «cuanto más, mejor». Cuanto mayor espacio, mayor será la plenitud. Esta es la regla que Dios quiere que aprendamos.

Él espera hasta que estemos vacíos. Si tienes espacio ilimitado, el Espíritu lo ocupará todo y te dispensará su ilimitada plenitud. Permíteme repetirlo: nuestro vaciamiento debe ser continuo. En la medida en que nosotros podamos vaciarnos Él nos llenará. El vaciamiento es nuestra responsabilidad, así como el llenamiento es responsabilidad del Espíritu. Dios quiere ver a los hambrientos llenos de buenas cosas. Sólo aquellos que presumen ser ricos volverán con las manos vacias.

19 DE DICIEMBRE

Limpiémonos de toda contaminación de carne y espíritu, perfeccionando la santidad en el temor de Dios (2 Corintios 7:1).

Siempre tenemos necesidad de que Dios limpie nuestros espíritus. Como hijos suyos con frecuencia nos vemos enfrentados con la cruz de Cristo, y esto nunca es en vano. Cada vez que tomamos conciencia de un nuevo defecto en nosotros y lo reconocemos, a veces con mucho dolor, somos limpiados una vez más y nuestros espíritus son purificados.

Si el Espíritu del Señor rechazara a cada hombre que tiene un defecto la cosa sería mucho más sencilla. Sería fácil trazar una línea entre lo que es de la carne, y lo que es del Espíritu. El problema se complica porque Dios no siempre nos rechaza de inmediato, aun cuando nuestro espíritu no es puro y la carne está muy activa. Él nos utiliza a pesar de esto, y en la próxima oportunidad nos lo hace ver y nos conduce a la cruz donde hallamos el remedio. A pesar de que el Señor nos utiliza, pongamos cuidado de no perder de vista nuestra impureza. Cuanto más nos usa el Señor, mayor disposición debe haber en nosotros para sometemos voluntariamente a su obra purificadora.

20 DE DICIEMBRE

Yo he oído tu oración, y he visto tus lágrimas (2 Reyes 20:5).

¡Qué bueno es saber que Dios ve nuestras lágrimas! Mientras Ezequías oraba también lloraba, y Dios le respondió. Tales oraciones, regadas con lágrimas, pueden mover el corazón de Dios. Pareciera que lo que no puede mover a tu corazón, tampoco puede mover el corazón de Dios. Un llanto delante de los hombres puede revelar tu debilidad y falta de hombría, pero un llanto delante de Dios es distinto.

Tengamos presente esto, que las lágrimas son inútiles si no son derramadas delante de Dios. Hay personas que son propensas a llorar, pero si el llanto de un hombre sólo expresa compasión por sí mismo, no producirá resultados positivos. Por otra parte, las lágrimas acompañadas de la oración, son efectivas. Por lo tanto, cada vez que lloramos de tristeza, ¿por qué no agregamos la oración? Las súplicas del Señor Jesús subieron a Dios, «ofreciendo ruegos y súplicas con gran clamor y lágrimas» y «fue oído a causa de su temor reverente» (He. 5:7).

21 DE DICIEMBRE

Tengo contra ti, que has dejado tu primer amor (Apocalipsis 2:4).

La expresión «primer amor» no sólo refiere a primacía en tiempo sino también en calidad. La historia del regreso del hijo pródigo al hogar relata que el padre ordenó sacar «el mejor vestido» para reemplazar los harapos del penitente. La palabra empleada es la misma y «el primer amor» es el «mejor» amor.

La tragedia de esta iglesia en Éfeso es que había dejado, o se había apartado, de aquella devoción que le había dado al Señor el primer lugar en sus afectos. Sin embargo, había una esperanza. No siempre es posible recuperar lo que se pierde, pero siempre nos queda la posibilidad de regresar a la posición de la cual nos hemos extraviado. El Señor llama a todos los que nos hemos extraviado a regresar a la experiencia de amarle por sobre todas las cosas; de regresar a nuestro primer amor.

22 DE DICIEMBRE

Confesando que eran extranjeros y peregrinos sobre la tierra
(Hebreos 11:13).

¿Qué significa ser un extranjero y un peregrino? Permítanme
emplear una ilustración. Durante mi estadía en Inglaterra poco antes
de la crisis de Munich observé a la gente preparándose para la guerra
cavando trincheras, construyendo refugios y distribuyendo máscaras
contra los gases tóxicos. Mis sentimientos esos días eran totalmente
distintos a los de los ingleses. Los observé preparándose para la
guerra hasta que se firmó el tratado de paz. Esa noche muchos no
pudieron dormir. Cantaban y gritaban.

Pero ¿cuál fue mi reacción? Observé inmóvil mientras se
preparaban para la guerra; los miraba fríamente. Ahora, cuando se
regocijaban por la paz, también los miraba con frialdad. Yo era un
viajero. Pronto seguiría mi camino. En su tristeza y en su gozo, yo
sólo era un observador. Así me di cuenta lo que significa ser un
peregrino. Mi actitud hacia Inglaterra era neutral. Deseaba su bien
y esperaba que tuviesen paz, pero mis intereses estaban en otra parte.

23 DE DICIEMBRE

*Eres bella, amiga mía, como Tirsa, igual que Jerusalén tu
hermosura; terrible como escuadrón a banderas
desplegadas* (Cantar de los Cantares 6:4, NBE).

En la esfera celestial, los creyentes disfrutan de su unión con
Cristo, pero en esa misma esfera reciben los ataques de las fuerzas
enemigas. Dios nunca quiso que los creyentes poseyeran tan sólo la
hermosura celestial, sin tener el vigor espiritual para pelear sus
batallas. Las «banderas desplegadas» denotan victoria. Son sólo los
derrotados quienes deben arriarla. El pueblo amado de Cristo está
destinado a hacer un impacto en los cielos, marchando en forma
triunfante como un ejército.

Sin embargo, paralelamente es comparado a Tirsa, un lugar
famoso por su belleza y que es agradable como Jerusalén, la ciudad
de Dios. No hay contradicción alguna. La Iglesia que para Dios es
hermosa, será un terrible desafío para sus enemigos.

24 DE DICIEMBRE

No tenemos un sumo sacerdote que no pueda compadecerse de nuestras debilidades (Hebreos 4:15).

¿Por qué no entró nuestro Señor en este mundo ya como un hombre maduro? ¿Por qué fue necesario que fuera concebido como un bebé, ser criado y cuidado, hasta que gradualmente llegó a ser un adulto? ¿Por qué estuvo obligado a pasar por treinta años de sufrimiento? ¿No podría haber realizado la obra de la redención viniendo al mundo y siendo crucificado tres días después? La respuesta es que sufrió la disciplina y la adversidad, la frustración y la desilusión, para poder identificarse en simpatía conmigo y contigo.

Simpatía significa compasión, o «sufriendo juntos». Cristo siente contigo. Él siempre se compadece de tus debilidades. No de los pecados que tú cometes, pero sí de los sufrimientos de tu cuerpo y las tristezas de tu alma. Él lo ha pasado todo. No sólo tiene la gracia para salvarte; también tiene un corazón para compadecerse de ti.

25 DE DICIEMBRE

Llamarás su nombre Emanuel, que traducido es: Dios con nosotros (Mateo 1:23).

Todo el comienzo de las actividades de la obra de la redención se inició con la venida de este Bebé a Belén. Ilustra de una manera suprema el carácter aparentemente pequeño y quieto de los inicios de Dios. Sólo unos pocos y humildes pastores fueron llamados para ser testigos de esta singular adición a la raza humana por medio de la cual el eterno Hijo de Dios pudo luego reclamar el título de Hijo del Hombre. Jesús mismo adoptó este título para sí, y al parecer se deleitaba en él. Siendo verdaderamente Dios, ahora era verdaderamente hombre.

El título de Emanuel nunca fue cabalmente comprendido mientras Jesús estuvo en la tierra y probablemente nunca fue utilizado por los que le conocieron de cerca. Sin embargo, desde el Calvario y Pentecostés, los creyentes lo han considerado uno de sus nombres más preciosos. Él puso su propio sello sobre él cuando les aseguró a sus discípulos: «He aquí yo estoy con vosotros siempre». Dado que

Él agregó, «hasta el fin del mundo» (Mt. 28:20), nosotros también podemos confiar en Él como nuestro siempre presente Emanuel.

26 DE DICIEMBRE

La paz de Dios, que sobrepasa todo entendimiento, guardará vuestros corazones y vuestros pensamientos en Cristo Jesús (Filipenses 4:7).

«La paz de Dios» no es tan sólo una cierta paz que Dios derrama sobre nosotros. Es la propia paz de Dios, la misma que forma parte de su naturaleza. Su paz es una paz que nada puede perturbar. Cuando creó los ángeles, y cuando la rebelión se desató en sus filas con todos sus efectos maliciosos en su universo, ésta, a pesar de toda su calamidad, no pudo estorbar la paz de Dios. Él procedió a realizar el deseo de su corazón reparando el daño causado a la tierra, y creando otro orden de seres: el hombre.

El hombre también cayó, pero sin embargo, Dios permaneció imperturbable. Hubiéramos pensado que actuaría de inmediato para reparar el daño, pero no fue así. Dios aguardaría al «cumplimiento de los tiempos» antes de enviar a su Hijo para recuperar el terreno perdido. Una espera de miles de años no creó tensiones a su paz. Dios promete que una paz de esta calidad guardará los corazones y pensamientos de aquellos que cumplen con la condición de encomendar todo a Él en oración.

27 DE DICIEMBRE

Si alguno hubiere pecado, abogado tenemos para con el Padre (1 Juan 2:1).

Lo que el Señor ha hecho es perdonarnos totalmente nuestros pecados y limpiarnos completamente de toda injusticia. Cuando la Escritura dice: *todo,* no nos queda ninguna duda de que Dios quiere decir *todo.* No diluyamos su Palabra. Él perdona todos nuestros pecados, no sólo del pasado sino hasta la fecha, e incluye los pecados de los cuales tenemos conciencia como así aquéllos de los cuales estamos inconscientes.

«Si alguno hubiere pecado.» Dios nos ha hablado para que no pequemos. Al considerar su gran perdón, nuestra gratitud, lejos de ser negligente seguramente nos ha de constreñir para que no pequemos más. Pero si un creyente llegara a pecar, tenemos un Abogado para con el Padre, Jesucristo el justo. Las palabras «con el Padre» indican que se trata de un asunto familiar. El hecho de que el Hijo intercede por nosotros garantiza que hasta el más pequeño de los creyentes, no importa cuán tarde haya entrado en la relación de hijo-Padre con Dios, goza de un perdón ilimitado.

28 DE DICIEMBRE

Ninguno decía ser suyo propio nada de lo que poseía, sino que tenían todas las cosas en común (Hechos 4:32).

Cuando estos hombres llegaron a tener la vida eterna, sus posesiones materiales perdieron el poder que ejercían sobre ellos, y de manera muy natural dispusieron de sus propiedades. Aplicando esto a aquellos de nosotros que hemos decidido seguir al Señor en este tiempo, ¿no debería ser natural que nuestras posesiones sean puestas a su disposición?

Le diré algo acerca de mi vida personal que quizás le haga reir. Por casi veinte años, al tener que comprar alguna cosa para mí mismo, por costumbre he comprado cinco o más a la vez. Por ejemplo, si adquiero una hoja de afeitar, compro una docena, para evitar hacerlo para mí solamente. Por supuesto que no puedo dar una hoja de afeitar a mil o más hermanos que conozco, pero si le regalo algunos a otros hermanos ante de utilizar la mía, me evita el sentirme molesto por algo que sea exclusivamente mío. Esta ha sido una pequeña manera de administrar mis posesiones materiales para Dios.

29 DE DICIEMBRE

Dí a los hijos de Israel que te traigan una vaca alazana, perfecta, en la cual no haya falta, sobre la cual no se haya puesto yugo (Números 19:20).

Mientras que todos los sacrificios en Israel eran ofrecidos para hacer frente a necesidades presentes, la ofrenda de la vaca alazana se ofrecía para eventualidades futuras. Toda la vaca debía ser quemada y luego las cenizas debían ser recolectadas y almacenadas, de manera que cuando surgía la necesidad, podría ser mezclada con agua corriente y rociada sobre una persona impura para limpiarla.

En esa ceniza estaba incorporada toda la eficacia de la redención. Cuando un hombre se contaminaba no tenía necesidad de sacrificar otra vaca, sino que le era suficiente ser rociado con esta agua. Adaptando esto a términos cristianos, podemos decir que el creyente no necesita que el Señor Jesús haga una segunda obra para él. Tiene las cenizas incorruptibles y el agua viva de la obra de Cristo en la cruz para su limpieza. La expiación que Dios obró por nosotros por medio de Cristo, está siempre disponible para nuestra necesidad.

30 DE DICIEMBRE

Os restituiré los años que comió la oruga (Joel 2:25).

¿Se duelen nuestros corazones por los años que hemos malgastado neciamente? Entonces demos gracias a Dios por el consuelo de conocer su poder para restituirlos. «¡Oh!», nos lamentamos, «¡nuestros mejores años han sido devorados por la langosta! Están perdidos y jamás los podremos recuperar. ¿Qué haremos?» La respuesta es: «¡Nada!» Es Dios quien restituirá esos años. En cuanto al tiempo malgastado, una década de nuestro tiempo perdido puede no haber valido más de un día a los ojos de Dios, pero si de aquí en más redimimos el tiempo empleándolo para Dios, entonces un día puede llegar a ser igual en valor a mil años.

El día en la tierra, no está registrado en el reloj del cielo sobre la base de veinticuatro horas. Dios tiene su propia escala moral de computación. Si nuestro servicio está de acuerdo a su voluntad, tomemos coraje. ¿Quién puede decir lo que puede significar una hora a sus ojos?

31 DE DICIEMBRE

*En medio de la cual resplandecéis como luminares en el
mundo* (Filipenses 2:15).

Un candil debe iluminar hasta que esté totalmente consumido y
de la misma manera el testimonio de un hombre debe continuar
hasta su muerte. Si la luz de un candil ha de permanecer será
necesario, entonces, que encienda otro candil antes de que esté
totalmente apagado. Al encender un candil tras otro, la luz puede
permanecer hasta que llegue a cubrir todo el mundo. Tal es el
testimonio de la Iglesia.

Cuando el Hijo de Dios vino al mundo encendió varios candiles.
Más tarde encendió otro candil en Pablo y por supuesto muchos
otros. Durante dos mil años desde entonces la luz de la Iglesia ha
continuado brillando de candil en candil. Muchos han sacrificado
sus propias vidas para encender la de otros, y si bien un candil se
apaga el otro sigue iluminando, y así en forma sucesiva y continuada.
Por tanto, ¡ve y testifica para el Señor! Que su testimonio ilumine
en la tierra de manera incesante.

ÍNDICE DE
REFERENCIAS BÍBLICAS

119:129 ..... Marzo 30
141:2 ..... Diciembre 2

Proverbios:
17:27 .... Junio 29
20:12 .... Abril 25
29:25 ...... Octubre 23
31:26 ... Septiembre 17

Cantares:
1:2 ..... Diciembre 13
1:3 .... Mayo 13
1:4a .... Septiembre 24
1:4 .... Octubre 11
2:3 .... Julio 7
2:15 .... Enero 8
6:4 ..... Diciembre 23
8:5 .... Junio 4

Isaías:
6:5 ..... Septiembre 19
30:15 ...... Octubre 18
30:18 .... Enero 11
39:4 .... Abril 8
40:1 .... Enero 7
41:13 .... Agosto 16
44:8 .... Noviembre 17
45:5 .... Febrero 18
49:4 ..... Diciembre 7
50:4 .... Marzo 16
57:15 .... Mayo 21
62:6 .... Marzo 22

Jeremías:
48:11 .... Junio 15

Ezequiel:
36:26 ...... Octubre 25
36:37 .... Noviembre 5
44:15 .... Abril 18
47:1 .... Enero 15

Joel:
2:25 ..... Diciembre 30

Miqueas:
6:8 .... Junio 6

Malaquías:
3:10 .... Febrero 8

Mateo:
1:23 ..... Diciembre 25
5:16 .... Noviembre 15
5:39 ..... Diciembre 1
6:6 .... Enero 22
6:6 .... Julio 26
6:9 .... Septiembre 20
6:11 .... Enero 30
6:21 ..... Diciembre 3
8:22 .... Marzo 11
11:26 ... Septiembre 21
11:28 ...... Agosto 23
13:6 .... Enero 9
16:17 ...... Agosto 15
16:18 .... Noviembre 9
16:23 ..... Octubre 12
17:26 ... Noviembre 18
18:27 ..... Febrero 17
18:33 ...... Enero 10
20:26 ..... Octubre 19
21:5 ...... Agosto 19
22:29 ...... Enero 24
25:10 ...... Octubre 5
26:41 ...... Mayo 15
26:75 ..... Octubre 30
27:34 .... Julio 3
28:18 .... Agosto 9

Marcos:
5:30 .... Enero 29
9:7 .... Julio 12
10:39 ... Noviembre 23
11:24 .... Enero 6
16:7 .... Septiembre 10

Lucas:
3:22 .... Agosto 3
6:38 .... Febrero 22

8:15 .... Marzo 29
9:23 ...... Agosto 12
9:35 .... Enero 31
9:51 .... Julio 11
10:19 ...... Febrero 2
10:21 ...... Marzo 13
10:42 ..... Octubre 21
12:30 .... Marzo 2
17:21 ...... Febrero 19
18:14 ...... Abril 30
18:27 ... Diciembre 12
18:41 ..... Octubre 14
19:8 .... Enero 5
19:9 .... Febrero 11
19:20 .... Julio 9
23:43 .... Abril 7
24:31 .... Febrero 7

Juan:
1:5 .... Marzo 9
1:13 .... Abril 23
1:14 .... Septiembre 30
4:14 ..... Diciembre 9
4:34 .... Mayo 25
4:35 .... Enero 3
5:19 .... Agosto 7
5:24 ..... Octubre 3
5:30 .... Octubre 17
6:7 .... Mayo 11
7:17 .... Diciembre 15
7:38 .... Febrero 10
8:58 .... Enero 4
9:37 .... Octubre 4
11:10 .... Septiembre 9
12:24 ... Noviembre 29
12:27 ... Noviembre 22
12:31 ..... Agosto 20
12:32 ..... Febrero 28
13:3 .... Febrero 9
14:6 .... Febrero 25
14:9 ..... Noviembre 4
14:13 .... Noviembre 8
14:19 .... Marzo 10
14:26 ... Septiembre 22

1 Tesalonicenses:
1:9 . . . . . . Septiembre 4

2 Tesalonicenses:
2:11 . . . . Marzo 27

1 Timoteo:
1:12 . . . . Agosto 8
1:15 . . . . Marzo 14
1:19 . . . . Marzo 7
5:13 . . . . Abril 1
6:12 . . . . . . Febrero 24

2 Timoteo:
1:8 . . . . Enero 26
3:15 . . . . Julio 8
3:16 . . . . . . Octubre 31
4:6 . . . . Octubre 8

Hebreos:
4:15 . . . . . Diciembre 24
5:8 . . . . Febrero 26
6:1 . . . . Agosto 31
7:25 . . . . Enero 13
8:13 . . . . Diciembre 17
9:14 . . . . Enero 21
11:8 . . . . . . Octubre 15
11:13 . . . Diciembre 22
12:4 . . . . Junio 5
12:9 . . . . Septiembre 3
13:1 . . . . Octubre 9
13:8 . . . . Abril 20
13:15 . . . . Septiembre 6

Santiago:
1:6 . . . . . Diciembre 14
1:22 . . . . Marzo 18
2:5 . . . . Octubre 28
4:4 . . . . Mayo 30
4:7 . . . . Mayo 28
5:14 . . . . Julio 30
5:18 . . . . Mayo 6

1 Pedro:
2:5 . . . . Enero 28
2:6 . . . . . Septiembre 12
2:17 . . . . Octubre 10
2:24 . . . . Mayo 16
3:5 . . . . Agosto 18
3:7 . . . . Julio 22
4:19 . . . . Julio 21

2 Pedro:
1:5 . . . . Octubre 29
1:20 . . . . Mayo 4
1:21 . . . . Agosto 27
2:15 . . . . Noviembre 27

1 Juan:
1:9 . . . . Enero 14
2:1 . . . . . . Diciembre 27
2:15 . . . . Junio 8
2:16 . . . . Septiembre 8
2:17 . . . . Abril 6
2:27 . . . . Abril 12
3:5 . . . . Noviembre 13
3:14 . . . . Agosto 25

4:7 . . . . Agosto 24
4:20 . . . . Octubre 22
5:5 . . . . Noviembre 26

2 Juan:
8 . . . . Febrero 5

3 Juan:
14 . . . . Febrero 13

Apocalipsis:
1:5 . . . . . Noviembre 24
1:6 . . . . Mayo 29
1:8 . . . . Enero 2
1:9 . . . . Junio 10
1:20 . . . . Abril 10
2:4 . . . . . Diciembre 21
2:10 . . . . Enero 19
3:8 . . . . Noviembre 16
3:11 . . . Septiembre 16
3:18 . . . . . . Octubre 27
3:19 . . . . Junio 14
7:14 . . . . . Diciembre 6
7:17 . . . . Julio 29
11:19 . . . . . . Febrero 16
12:11 . . . . Febrero 1
19:8 . . . . Agosto 17